Mein großes Grundschul-Übungsbuch Deutsch 1.–4. Klasse

von:
Diana Hofheinz
Ursula Lassert

Klett Lerntraining

Autoren:
Diana Hofheinz (S. 10–11, 22–23, 30–31, 36–37)
Ursula Lassert (S. 8–202)

Illustratoren:
Ursula Lassert, Düsseldorf (S. 8, 12–15, 19–21, 24, 26, 33, 34, 35, 42–50, 60, 61, 62, 63, 66–69, 72–76, 85, 88–100, 104–109, 113)
Mo Büdinger, Bowling Green, Ohio (S. 10, 11, 30, 36, 37, 110, 144, 152, 177)
Udo Clormann, Wiesbaden (S. 17, 22, 23, 25, 27, 28, 32, 38, 39–41, 52–59, 64, 70, 71, 78–82, 86, 102, 108, 115, 177)
Sven Palmowski, Barcelona (S. 113, 137, 146, 150, 154, 183, 185, 189, 196, 200)
Steffen Jähde, Sundhagen (S. 115, 141, 177)
Jutta Sailer, Stuttgart (S. 177)
Thomas Thiemeyer, Stuttgart (Leitfiguren)

Bibliografische Information der Deutschen Nationalbibliothek
Die Deutsche Nationalbibliothek verzeichnet diese Publikation in der Deutschen Nationalbibliografie; detaillierte bibliografische Daten sind im Internet über http://dnb.d-nb.de abrufbar.

Auflage 4 3 2 1 | 2015 2014 2013 2012
Die letzten Zahlen bezeichnen jeweils die Auflage und das Jahr des letzten Druckes.

Dieses Werk folgt der neuesten Rechtschreibung und Zeichensetzung.

www.klett.de/lernhilfen

Auszüge aus: Mein großes Trainingsbuch Deutsch + Rechnen 1. Klasse; Mein großes Trainingsbuch Deutsch 2. Klasse; Mein großes Trainingsbuch Deutsch 3. Klasse; Mein großes Trainingsbuch Deutsch 4. Klasse

Satz: TEBITRON GmbH, Gerlingen
Druck: Medienhaus Plump GmbH, Rheinbreitbach
Printed in Germany
ISBN 978-3-12-949105-8

9 783129 491058

Herzlich willkommen bei Familie Lerndrache!

Super, dass du mit uns üben und lernen möchtest! Du wirst sehen: Mit uns macht das richtig viel Spaß! Wir haben viele Tipps für dich und helfen dir, sodass du bald fit in Deutsch bist.

Name: Lizzy Lerndrache
Das mag ich: Sport, vor allem Reiten und Ballett; schöne Kleider und meine Perlenkette; meine Familie, besonders meinen Bruder Lenny (meistens jedenfalls)
So bin ich: erfinderisch und ganz schön schlau
So helfe ich dir: Ich habe extra clevere Tipps für dich!

Name: Lenny Lerndrache
Das mag ich: Sport; alles, was mit Technik zu tun hat; Feuer spucken; meine Familie, besonders meine Schwester Lizzy (meistens jedenfalls)
So bin ich: hilfsbereit und neugierig
So helfe ich dir: Ich sage dir alles, was du dir merken solltest.

Name: Floh Lerndrache (Baby)
Das mag ich: Quatsch!
So bin ich: frech und noch klein, daher kann ich kaum reden und leider noch nicht fliegen
So helfe ich dir: Ich mache Unfug und sorge dafür, dass du beim Lernen was zu lachen hast.

Name: Nepomuk Lerndrache (Opa)
Das mag ich: fliegen und Saltos schlagen; mit meinem Stock zaubern; faulenzen; meine Enkelkinder
So bin ich: gemütlich, manchmal kann ich auch richtig frech sein
So helfe ich dir: Ich verrate dir meine ganz persönlichen Eselsbrücken. Außerdem erinnere ich dich daran, auch mal eine Pause zu machen!

1. Klasse

2. Klasse

Rechtschreibung und Diktat

Grammatik

Lesen und Leseverständnis

Aufsatz

3. Klasse

Rechtschreibung und Diktat

Grammatik

Lesen und Leseverständnis

Aufsatz

4. Klasse

Das mag ich!

1 ◯ A, E, I, O, U.

A B H O T E R E L
K O N V C A J I T
U Z S U W I K B H

2 ◯ a, e, i, o, u.

b a g h t z i d u f e r
s o w q e r a z t p l u
n v b i p i f d s o b m

3 Kreise die Wörter mit ä, ö, ü ein.

Vogel Räder Gärten Garten Bücher Buch Wort Zug Vögel Züge Rad Wörter

4 Schreibe so:

viele Stühle – ein Stuhl
viele Kühe – eine Kuh
viele Bänder – ein Band
viele Äpfel – ein Apfel
viele Töpfe – ein Topf
viele Wände – eine Wand

5

6 Für Könner!

Stimmt das?

	ja	nein
Die Sonne lacht am Himmel.	X	
Ein Baum steht am See.	X	
Der Baum hat viele Äste.	X	
Anna und Peter rudern in einem Boot.		X
Ein Apfel liegt im Gras.	X	
Lia füttert fünf Vögel.		X

Liese, die liebe Ziege

1 ie Kreise ein.

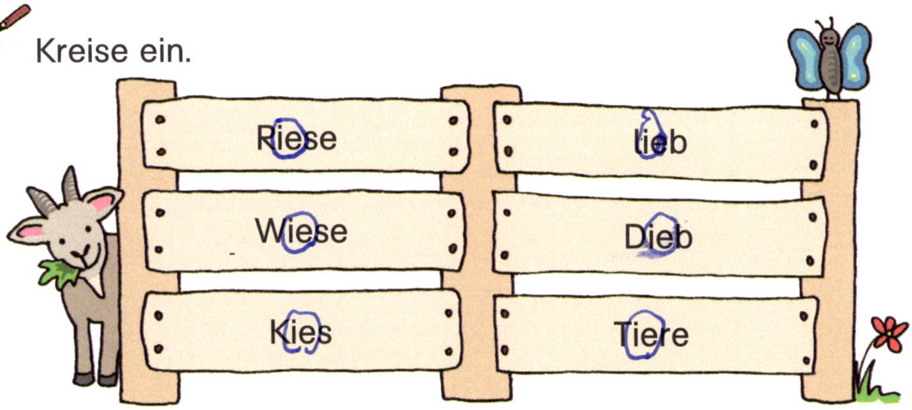

ie liest du wie ein langes *i*. Wie in 
Probier's mal!

2 Lies laut, und male das Bild.

Male eine Wiese.
Auf der Wiese ist ein Riese.
Der Riese steht neben sieben Blumen.
Sie sind rot, blau und lila.
Am Himmel ist die liebe Sonne.

3 Kreise ein: der, die oder das?
Schreibe dann die Wörter zu den Bildern.

der
die
das
Spiegel

der
die
das
Bine

der
die
das
Knie

der
die
das
Knoblauch

Für Könner! **4** Schreibe die Wörter an die richtige Stelle.

! mietet | spielen | Brief | niesen | liest

Emmas Nase kitzelt. Sie muss niesen.

Tonis Papa mietet ein Haus.

Frieder bekommt einen Brief. Er liest ihn sofort.

Opa und Lukas spielen Tennis.

Komm, male mit!

1

2 

Lea

Lea malt

Lea malt einen

Lea malt einen kleinen

Lea malt einen kleinen Hasen.

Für Könner! **3**

! Hanna malt ein Auto. [x]

Nino holt ein Seil. [ ]

Kai hat eine Tomate. [ ]

Lisa ist im Auto. [ ]

Timo hat ein Lineal. [x]

Ina ist in einem Haus. [ ]

4

T	o	m	a	t	e
T	o	m	a	t	e
T	o	m	a	te	
T	o	m	a	Te	
T	o	m	a	Te	
T	o	m	a	Te	
T	o	m	a	Te	
T	o	m	a	Te	
T	o	m	a	Te	
T	o	m	a	t	e
T	o	m	a	t	e

Rotes Blatt

1 B

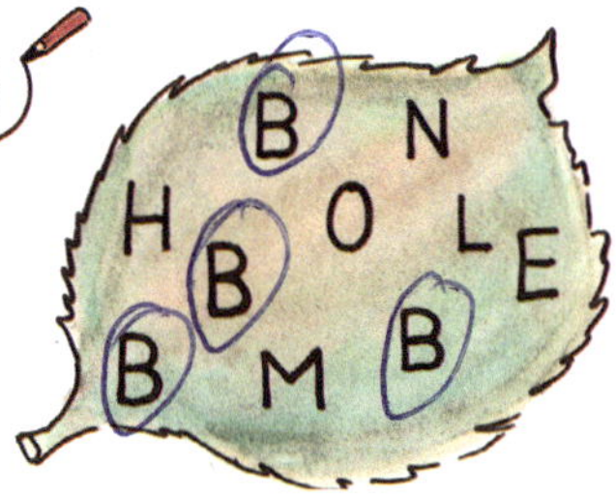

b

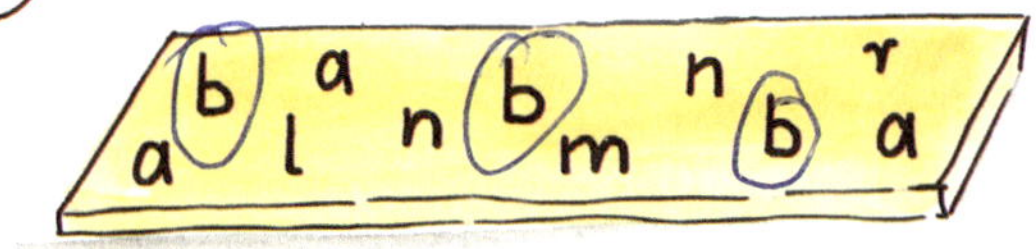

s

R

r

2 Male das richtige Wort an.

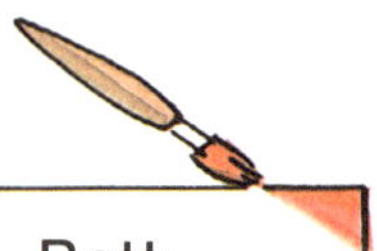

	Blatt	Bett
	Bus	Banane

Besen	Baum	
Blume	Bus	

	Saft	Seil
	Socke	Sack

Brille	Brot	
Bett	Blatt	

3

Tasse

Rose

Ratte

Achte beim Lesen
auf **jeden Buchstaben**.
Lies langsam und deutlich.

4

Sven hat eine rote Brille.

Lena malt ein Osterei.

Simon hat eine Torte.

Nora holt ein Brot.

Lisa hat eine bunte Laterne.

Rita ist im Bett.

Ene, mene, mu ...

1

Male die Felder
mit d rot an und
die mit D grün an.

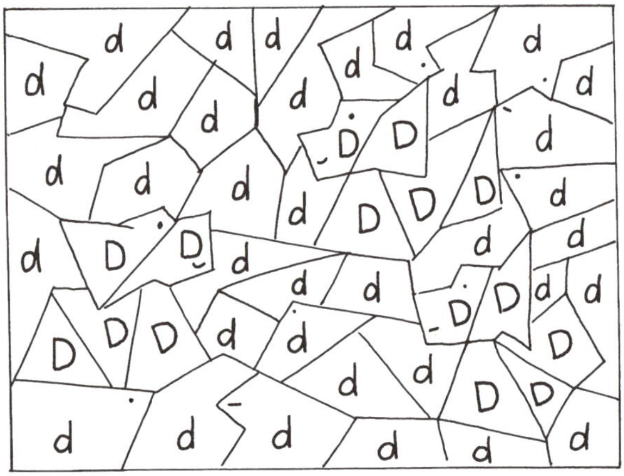

2

(F) F L E U I F H T L F L E K F L T I

(f) f l u n t m l t b d e i t f f l i e t f f

3

(j) (J)

4

Hat ein Fell:

Dackel Ofen Falke

Eimer Jaguar Ente

Für Könner! 5

	ja	nein
Die Ente hat ein Maul.		X
Ein Baum hat Federn.		X
Eine Maus ist kleiner als ein Elefant.	X	
Eine Jacke bekommt Urlaub.		X
Das Meer rudert in einem Boot.		X
Ein Bauer arbeitet oft auf dem Feld.	X	

Merk's dir!

Abzählreime helfen dir, genaues und deutliches Sprechen zu üben.

6

Am Bach

1 ch

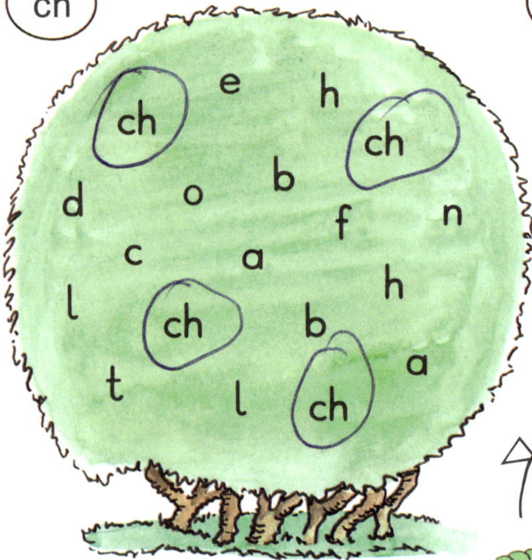

p

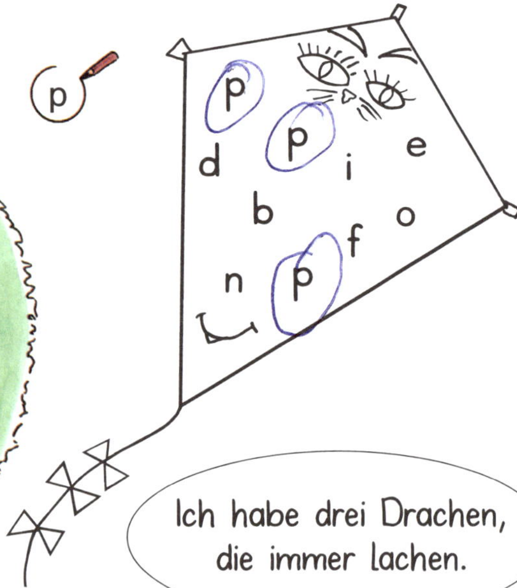

2

Male einen Bach.
Er ist blau.
Neben dem Bach
ist eine Blume.
Sie ist lila.

Male einen Pilz.
Er ist rot.

3

Brille

Fenster

Pinsel

Sonne

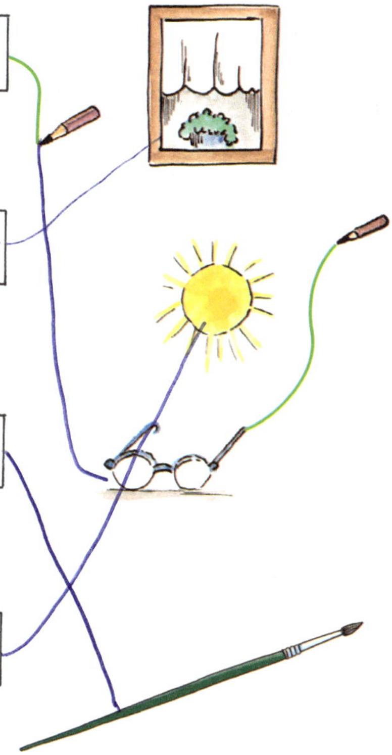

B r i l l e

F e n s t e r

P i n s e l

S o n n e

4

Neben dem Bach,
dass ich nicht lach',
ist ein kleiner Hase
mit einer lila Nase!

Hat eine Gans Federn?

1 g G

2 Ist g am Anfang, in der Mitte oder am Ende?

3

Gesicht	hart	Federn	bellen

Eine Gans hat Federn.

Ich habe eine Nase im Gesicht.

Ein Stein ist hart.

Ein Hund kann bellen.

4 ß ei

5

leise laut

groß fleißig klein

kalt heiß faul

Schau und lies genau, damit du ähnliche Buchstaben nicht verwechselst.

6 Rate mal!

Ich bin gelb.

Ich bin groß.

Ich bin rund.

Ich bin sehr heiß.

Ich bin die Sonne.

Auf der Straße

1 ß Kreise ein.

ß wie in 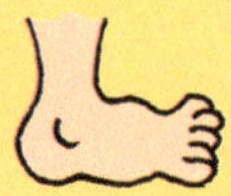

2 Schreibe die Wörter an die richtige Stelle.

heiß

groß

weiß

Ein Elefant ist nicht klein. Er ist groß.

Die Sonne ist nicht kalt. Sie ist heiß.

Schnee ist nicht schwarz. Er ist weiß.

Für Könner! **3** Was tun sie? Kreise ein.

!

gießen | schießen | reißen

genießen | beißen | fließen

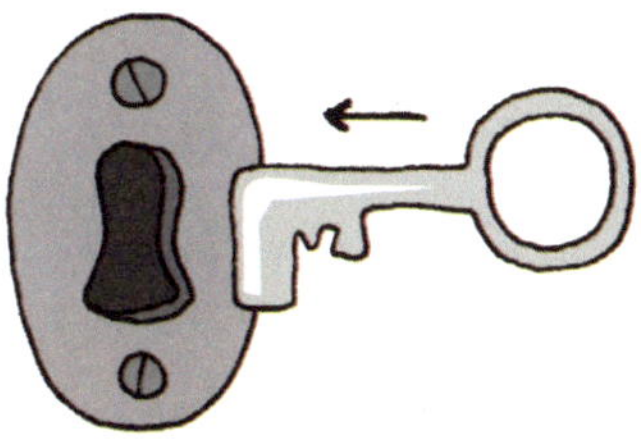

spaßen | schließen | spießen

beschließen | stoßen | rußen

4 Schreibe die Wörter.

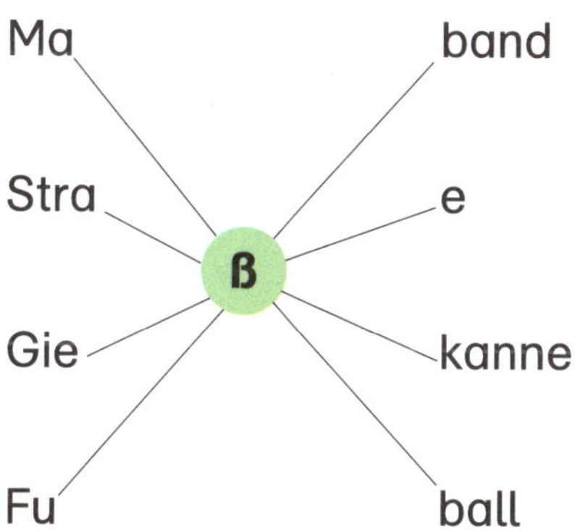

Maßband

Straße

Gießkanne

Fußball

Auf der Schaukel

1

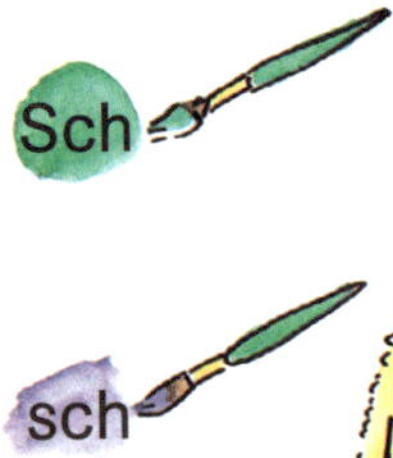

2 Ist sch am Anfang, in der Mitte oder am Ende?

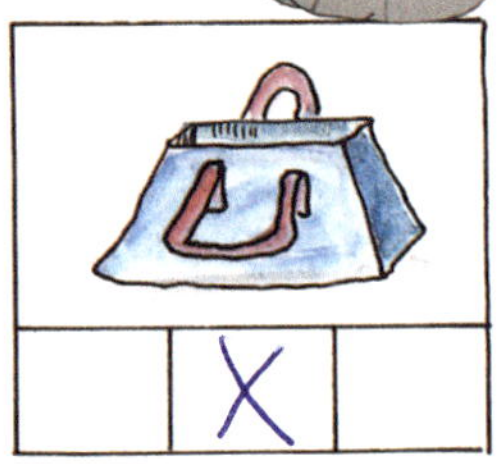

3

Merk's dir!

Versuche immer wieder, den **ganzen Satz** im Blick zu haben.

Für Könner! **4** Stimmt das?

Tina ist hinter einem Busch.	richtig
Die Sonne scheint nicht.	falsch
Drei kleine Kinder schaukeln.	falsch
Eine Puppe liegt im Gras.	richtig
Karin schaufelt im Sand.	richtig
Neben den Schaukeln stehen acht Tulpen.	falsch
Es regnet.	falsch

Viele Tiere

1

2 Rate mal!

Ich liebe Knochen.

Ich kann bellen und knurren.

Ich bin ein ______.

Ich kann fliegen.

Ich kann Nester bauen und singen.

Ich bin ein ______.

3

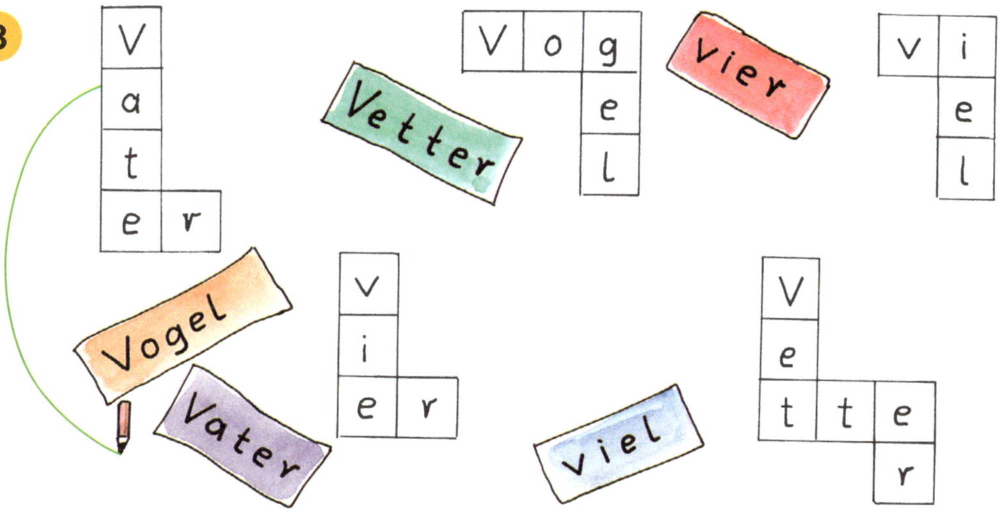

Für Könner! 4 Male das Bild fertig!

Vater hat einen roten Pullover an. Der Sessel ist blau. Auf dem Tisch steht eine gelbe Vase. In der Vase sind drei violette Blumen. Vier Bananen liegen in dem Korb.

Das **v** wird manchmal **wie f** gesprochen (voll) und manchmal **wie w** (Vase). Merke dir, wie welches Wort ausgesprochen wird.

Am Wasser

1

Wiese wollen Weg Wurst wild wo wieder

Wald was Wand weinen Wasser

Welle

2

Ich

Ich bin

Ich bin ein

Ich bin ein wilder

Ich bin ein wilder Drache!

Merk's dir!

Baue Sätze ab und auf. Das ist ein gutes Lesetraining.

Für Könner! 3

!

Wie heißt du?

Wie alt bist du?

Wo wohnst du?

In welche Klasse gehst du?

Wie heißt deine Schule?

Quali macht Quatsch

1 Qu qu Kreise ein.

2 Suche die Wörter, und male sie an.

Q	U	A	R	K	I	O
U	S	T	E	G	B	Q
A	W	Q	R	D	P	U
T	Q	U	A	L	L	E
S	S	E	E	E	O	R
C	A	L	E	S	J	U
H	E	L	W	V	K	M
A	P	E	A	B	T	D
B	B	T	S	N	W	A

Quatsch

quer

~~Quark~~

Qualle

Quelle

Qu/qu wie 

Für Könner! **3** Schreibe die Wörter an die richtige Stelle.

! Quiz | bequem | Quelle | quakt

Der Frosch ______.

Auf meinem Sofa ist es schön ______.

Wasser entspringt aus einer ______.

Eine Ratesendung nennt man auch ein ______.

4 Lies laut.

Der Affe Quali, der macht Quatsch.
Macht gerne aus Bananen Matsch.
Schwingt die Schalen kreuz und quer,
und schießt den Quark gleich hinterher.
Er quengelt abends bis um zehn,
dann macht er sich's im Bett bequem.

Die Vogelscheuche

1 ck

2 Eu

eu

Feuer

Beutel

leuchten

Eule

neu

Heu

treu

Scheune

Euter

Halblautes und
deutliches Sprechen
hilft dir beim Schreiben.

Für Könner! **3**

!

Ich packe meinen B______.

Er schleckt ein ______.

Sie strickt einen ______.

Die Mutter backt ______.

4 Stimmt das?

	ja	nein
drei Lineale	X	
vier Tomaten		
eine Brille		
neun Kirschen		
ein Kaninchen		
sechs Birnen		
acht Socken		
sieben Brote		

5 Male das Bild fertig.

Die Vogelscheuche lacht.
Ihr Hut ist blau.
Die Jacke ist lila.
Der Schal ist rot.
Die Hose ist gelb.

Im Hexenhaus

1

2

3 Streiche das falsche Bild durch.

Zange

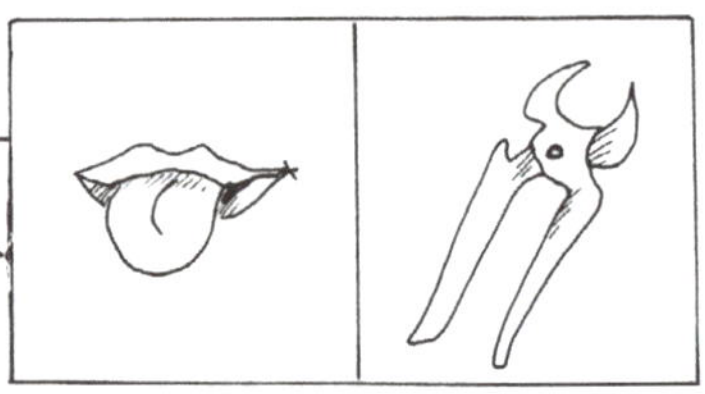

Zelt

Zwerg

Zeitung

Für Könner! 4

Hier fehlen die Reimwörter.

!

Da wohnt die kleine Hexe Trixi

mit dem klugen Raben ______.

Manchmal strickt die Trixi Socken

für ihre langen roten ______.

Mit Lockenwicklern auf den Zehen,

kann sie leider kaum noch ______.

O je, was macht sie doch für Sachen,

da kann ich nur noch ganz laut ______.

Ritze ratze, meine Katze

1 (tz) Kreise ein.

2 Verbinde.

Ritze

Witz

Kitz

Netz

Glatze

Klotz

Schatz

Schmutz

Schutz

tz wie in 

Für Könner! **3** Schreibe die Wörter an die richtige Stelle.

! setzen putzen spitzen kratzen

Lisas Fahrrad ist schmutzig. Sie will es ______ .

Bodos Katze hat Krallen. Damit kann sie ______ .

Auf einen Stuhl kann man sich ______ .

Einen Bleistift muss man immer mal wieder ______ .

4 Lies laut.

Ich
Ich bin
Ich bin eine
Ich bin eine schwarze
Ich bin eine schwarze Katze
Ich bin eine schwarze Katze mit
Ich bin eine schwarze Katze mit einer
Ich bin eine schwarze Katze mit einer weißen
Ich bin eine schwarze Katze mit einer weißen Tatze.

Das lustige Geschenk

Opa und Maria basteln einen Hampelmann aus Holz. Das ist nicht leicht.
Er ist für den kleinen Bruder Tobias.

1 Schreibe die Wörter dazu.

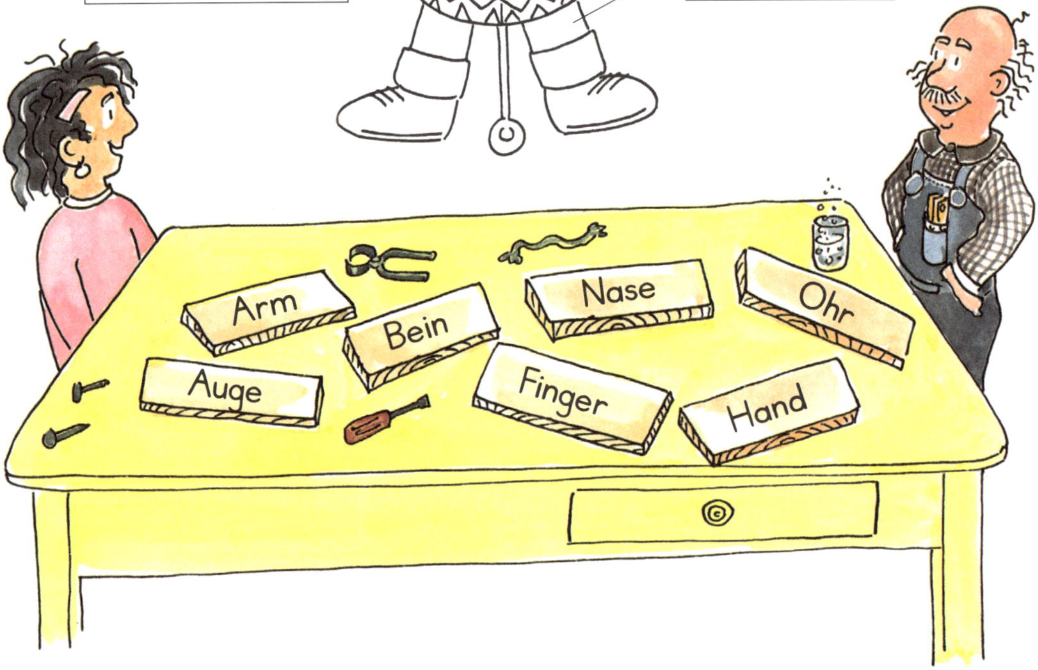

2 Male ihn an.

3 Sechs Kinder malen einen Hampel-Drachen.
Wer malt was?

Kai malt ein A______.

Mia ______ einen ______.

Pit ______ einen ______.

Ina ______ ein ______.

Jan ______ eine ______.

Lea ______ ein ______.

4 Findest du hier die Wörter?

HAND|AUGENASEBEINOHRARMFINGER

Wo wohnt Omi?

Nina malt ein Bild von Omis Haus.

Blumen · Haus · Wiese · Wald · Omi · Bach

1 Verbinde jede Zahl mit dem richtigen Wort.

2 Schreibe die Wörter dazu.

Das ist das ________ von Ninas ________.

Es ist rot. Es steht auf einer großen ________

mit vielen ________.

Hinter dem Haus ist ein ________.

Vor dem Haus ist ein ________.

3 Schreibe die Wörter hier auf.

4 Was reimt sich?

5 Was malen die Kinder?

Peter malt einen ______. 

Tina ______ eine ______. 

Jonas ______ viele ______. 

Evi ______ ein ______. 

Pitschnasse Pause

Es regnet. Die Kinder dürfen im Klassenraum bleiben und malen.

1 Male die Sachen so an.

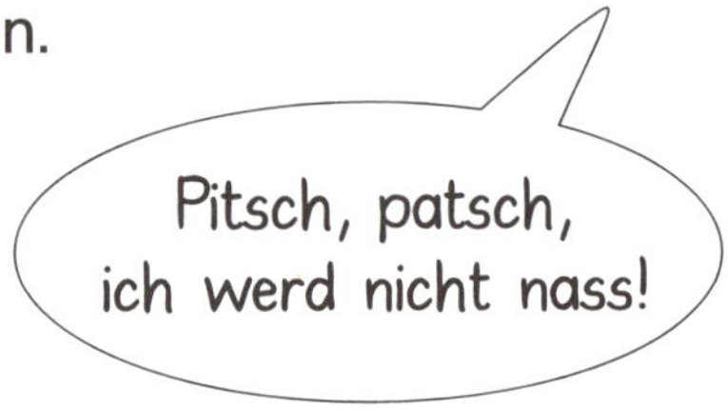

grün

schwarz

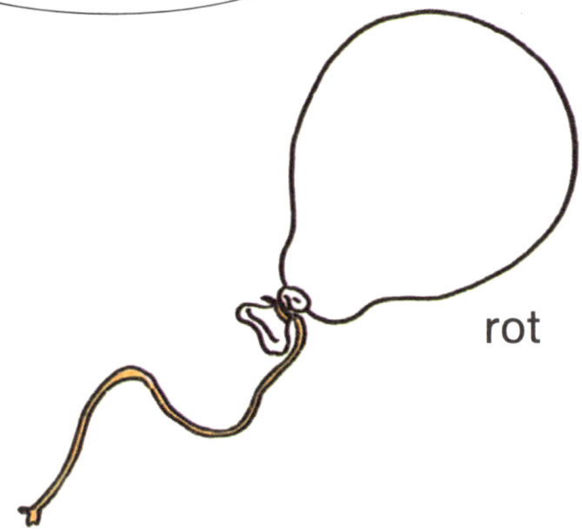

rot

blau

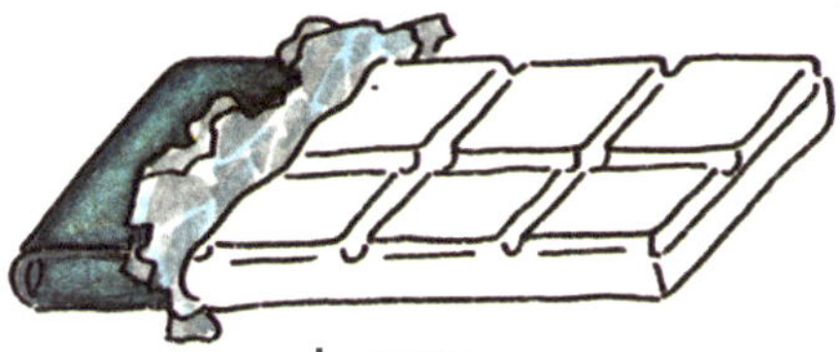

braun

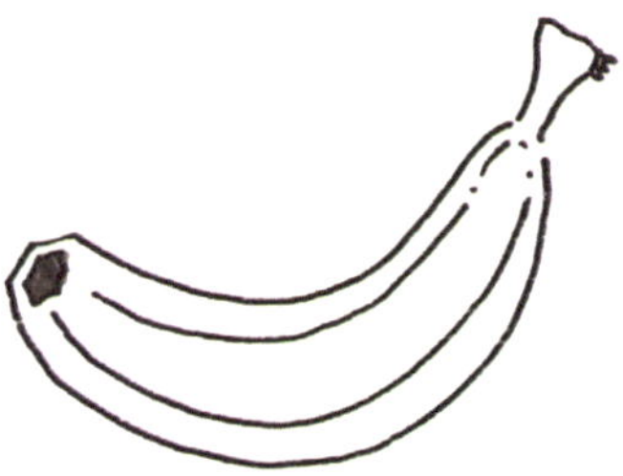

gelb

weiß

2 Welche Farbe hat es?

weiß | ~~rot~~ | grün | gelb | blau | schwarz | braun

Eine Tomate ist rot.

Die Sonne ist ________.

Ein Rabe ist ________.

Schnee ist ________.

Gras ist ________.

Der Himmel ist ________.

Schokolade ist ________.

3 Schreibe die Buchstaben dazu.

au | ün | e | t | bl | w

Lauter Überraschungen

Heute ist der letzte Ferientag. Im ganzen Haus wird aufgeräumt. Was die Kinder da so alles finden!

~~Y~~ I EI AU E O

1 Ergänze die Wörter.

2 Schreibe die Wörter dazu.

Die Hose ist kurz.

Das ______ lang.

Der ______ groß.

Der ______ rund.

Die ______ klein.

Das ______ hart.

Mit **Wiewörtern** beschreibst du Lebewesen und Dinge. Du schreibst sie **klein**.

3 Suche immer das Gegenteil.

lang –

eckig –

groß –

weich –

4 Welches Wort passt genau?

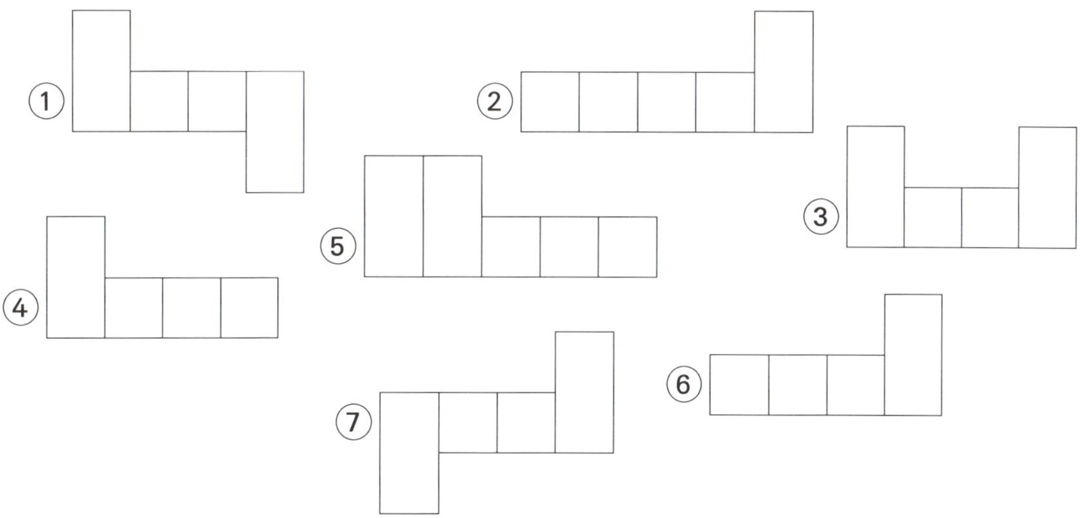

Ein besonderer Tag

Jedes Kind darf mitbringen, was es am liebsten hat. Das ist eine spannende Schulstunde.

1 Schreibe die Wörter.

G
e
i
g
e

A
u
t
o

B
a
l
l

H
u
n
d

V
o
g
e
l

K
a
t
z
e

B
u
c
h

2 Fünf Kinder schreiben ihre Sachen in Geheimschrift an die Tafel. Kannst du sie lesen? Verbinde.

Namenwörter
bezeichnen Lebewesen
und Gegenstände.
Sie werden **großgeschrieben**.

Für Könner! **3** Schreibe so.

!

Ich habe ____ einen Hund ____.

____ einen ____.

____ ein ____.

____ einen ____.

____ ein ____.

Juhu! Pause!

Die Kinder laufen auf den Schulhof.
Pause! Jeder darf tun, was er möchte.

1 Setze das richtige Wort ein.

Jan ______ : „Hallo, Heide“.

Kevin ______ über das Brett.

Markus ______ .

Sina ______ .

Dora ______ Musik.

Verena ______ eine lange Nase.

2 Verbinde.

weinen

weint

machen

hört

hören

springen

lacht

macht

springt

lachen

sagt

sagen

3 Schreibe die Buchstaben dazu.

s __ __ en

lach __ __

w __ __ nen

spri __ __ en

ma __ __ en

hö __ __ n

Tunwörter sagen dir, wer etwas tut. Sie schreibst du **klein**.

Immer in Begleitung

Heute lernen die Kinder, dass Namenwörter oft Begleiter haben.

1 Lies die Wörter laut. Ergänze dabei den 1. Buchstaben.

2 Ordne die Wörter ein.

3 Ergänze hier *der, die, das.*

① Dort ist ______ gelbe Ball von Lisa.

② Ich sehe ______ Burg auf dem Berg.

③ Peter hängt ______ Bild auf.

④ Jan liest ______ Buch von Tobi gern.

⑤ Dort liegt ______ Brief für Susi.

⑥ Laura stellt ______ rote Blume in eine Vase.

Namenwörter haben oft **Begleiter** bei sich. Das sind entweder

- **der, die, das** oder
- **ein, eine.**

Für Könner!

4 Ergänze *ein* oder *eine.*

!

fünf Briefe – ein Brief

zwei Burgen – ______ Burg

vier Bilder – ______

zehn Bücher – ______

acht Bälle – ______

drei Blumen – ______

Wo sind sie?

Vater hat den Tisch gedeckt.
Das Abendessen ist fertig.
Aber keiner kommt.
Er geht und sucht alle.

Merk's dir!

Die Wörter **am, auf, im, unter, hinter** sagen dir, **wo** etwas ist.

1 Schreibe auf, wo jeder ist.

hinter | im | am | im | unter | im | auf | im

Oma ist ________  .

Jan steht ________ dem  .

Tina ist ________  .

Alex schaukelt ________  .

Kai ist ________  .

Mutter ist ________ dem  .

Nora ist ________ dem  .

Flora ist ________  .

2 Vier kleine Kinder haben sich versteckt.
Kannst du sie finden?

3 Schreibe auf, wo sie sind.

Baum

Zaun

Busch

Haus

im

unter

auf

hinter

Ein Kind ist unter dem ________.

Ein Kind ist ________ dem ________.

Ein Kind ist ________ ________.

Ein Kind ist ________ dem ________.

Das Lieblingstier

Toni und Mia suchen ihre Tiere.

1 Hilf ihnen. Male gelb an, wo ein Tiername steht.

M	L	H	U	N	D	F	G	L
Z	T	G	K	A	T	Z	E	J
W	E	N	T	E	M	D	S	I
P	L	K	U	H	Z	Q	Y	S
P	O	N	Y	F	G	L	Ö	T
F	N	B	V	O	G	E	L	J

2 Schreibe die Namen der Tiere auf.

① ② ③

④ ⑤ ⑥

3 Verbinde immer zu einem richtigen Satz.

Der Hund	gibt Milch.
Die Katze	bellt.
Die Ente	frisst gerne Möhren.
Das Pony	fliegt von Baum zu Baum.
Der Vogel	schwimmt auf dem Teich.
Die Kuh	jagt eine Maus.

Sprich beim Schreiben halblaut vor dich hin. Das hilft dir, Fehler zu vermeiden.

Für Könner!

4 Schreibe die ganzen Sätze auf.

!

Der Hund bellt.

Kleine Malkünstler

Heute malt jedes Kind ein Bild.
Doch am Ende der Stunde fehlt
auf jedem Bild etwas.

1 Kreuze an, was fehlt.

Bei der Puppe fehlt
- [ ] das Auge
- [ ] die Nase
- [x] der Arm

Bei dem Haus fehlt
- [ ] die Tür
- [ ] der Kamin
- [ ] das Fenster

Bei dem Kind fehlt
- [ ] das Ohr
- [ ] der Mund
- [ ] der Hals

Bei dem Fisch fehlt
- [ ] der Schwanz
- [ ] das Auge
- [ ] die Flosse

Bei dem Roller fehlt
- [ ] die Bremse
- [ ] die Lenkstange
- [ ] das Rad

Bei der Blume fehlt
- [ ] das Blatt
- [ ] die Blüte
- [ ] der Stängel

2 Male die Bilder fertig.

Für Könner!

3 Schreibe die Sätze auf.

! Bei der Puppe fehlt der Arm.

.

.

.

.

.

4 Löse das Rätsel.

Die kunterbunte Liste

Drei Kinder gehen einkaufen. Max trägt die Tasche. Anna hat das Geld. Paula hält die Liste. Aber sieh nur! Hier stimmt doch etwas nicht.

1 Wie muss es richtig heißen?

zwei Flaschen ○○○○

vier Tafeln ○○○○○○○○○○

ein Laib ○○○○

ein Kilo ○○○○○

ein Glas ○○○○○

2 Ergänze überall die zweite Silbe.

fen

ken

~~men~~

len

sen

nehmen

zah

kau

es

trin

Auch Leo und Lisa gehen einkaufen. Aber, o weh! Was sollen sie denn kaufen?

3 Wer hat denn die Zettel zerrissen? Schreibe neue.

Wörter bestehen aus **Silben**. Silben findest du, wenn du beim Sprechen klatschst.

Auf dem Bauernhof

1 Suche fünf weitere Wörter.

T	R	A	K	T	O	R	H	E
C	B	E	R	S	H	L	L	H
N	S	O	H	U	N	D	X	Ü
T	L	T	P	G	R	X	A	H
L	P	F	V	N	S	Z	U	N
K	A	T	Z	E	A	O	T	E
M	N	S	T	R	O	H	O	R

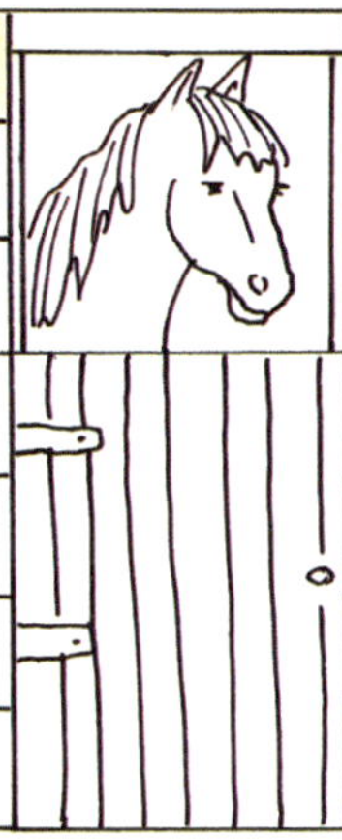

2 Schreibe und male die sechs Sachen.

Für Könner! **3** Lies den Text.

! Neben unserer Scheune
steht eine alte Eiche.
Eine Eule wohnt darin.

Am Tag schläft sie meistens.
Aber nachts sucht sie nach Beute.
Am liebsten mag sie Mäuse.

4 Beantworte die Fragen zu dem Text.

Wo steht die alte Eiche?

____

Wer wohnt in dieser Eiche? ______________________________

Wann schläft die Eule? ______________________________

Wann sucht sie nach Beute? ______________________________

Was mag sie am liebsten? ______________________________

Wilde Jagd im Garten

Laura steht am Gartenzaun und schaut zu, wie ihr Kater Flausch eine Maus jagt. Leise schleicht er durch das Gras, um den Pflaumenbaum herum und unter einen großen Strauch. Nun springt er los. Schwupp, da hat er sie erwischt!

1 Mache oben einen blauen Klecks auf alle *au*.

2 Schreibe die Wörter hier auf.

3 Suche Reimwörter.

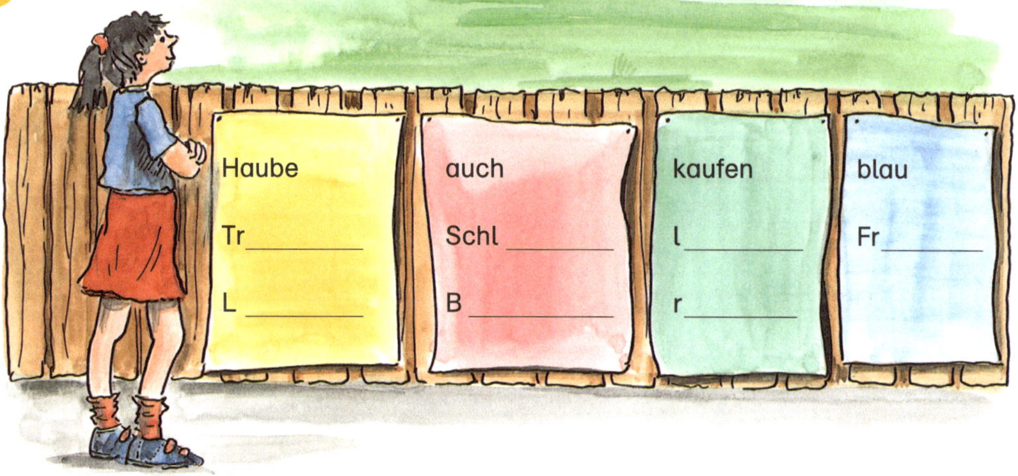

4 Ergänze *au* oder *äu*.

Tina und ihr Freund Klaus sind auch im Garten und malen.

Das malt Tina:

ein schönes H____s

eine graue M____s

einen großen B____m

eine graue M____er

einen braunen Z____n

Das malt Klaus:

zwei große H____ser

drei weiße M____se

ein kleines B____mchen

ein kleines M____erchen

zwei weiße Z____ne

Wörter mit *äu* haben verwandte Wörter mit *au.* (H**äu**ser – H**au**s).

5 Verbinde, was zusammengehört.

kauft

träumen

laufen

Bauer

Daumen

Läufer

Käufer

Däumchen

Traum

Bäuerin

Arbeit in der Küche

Weil Tante Bella krank ist, sind Anne, Hannes und Vati für ein paar Tage zu ihr gefahren, um zu helfen. Sie stehen in der Küche und wollen das Abendessen zubereiten. Aber wo sind nur die passenden Teller und Tassen? Wo ist der Pfeffer und wo ist die Butter? Endlich ist das Abendessen fertig. Guten Appetit!

1 Mache oben grüne Kleckse auf alle doppelten Mitlaute.
(Bella, Anne …)

2 Schreibe diese Wörter auf.

Bella, ________________________________

____

____

Hat ein Tunwort einen doppelten Mitlaut, bleibt dieser in allen Formen erhalten (ro**ll**en, ro**ll**t, ro**ll**te, gero**ll**t).

3 Schreibe so:

knallen – es knallt

klirren – es ______________

rollen – ______________

schellen – ______________

summen – ______________

4 Suche Reimwörter.

Tasse
Kl______

Riff
Sch______

essen
fr______

Fall
B______
Kn______

Butter
M______

Pfanne
K______
T______

Suppe
P______

5 Findest du die Wörter im Kasten?
Schreibe sie hier auf.

____

____

N	S	O	N	N	E
D	U	M	M	Z	L
P	K	A	M	M	B
F	G	V	O	L	L
A	F	F	E	X	H

Merk's dir!

Selbstlaute (*a*, *e*, *i*, *o*, *u*) vor dem doppelten Mitlaut sind immer kurz.

6 Mache einen Punkt unter die kurzen Selbstlaute.

Mutter Ball holen Sommer hupen Treppe

Der erste Ritt

Aufgeregt sitzt Markus zum ersten Mal auf einem Pferd. Er hält den Kopf hoch und den Rücken gerade. Sein Herz klopft vor Angst ganz laut. Vorsichtig reitet er zwei Runden. Prima, er hat es ganz allein gemacht! Am liebsten möchte er vor Freude hüpfen.

1 Kreise oben die Wörter mit *Pf* und *pf* ein.

2 Ordne die Wörter richtig ein.

Pf: Pferd, Pfeffer, Pfanne, Pflaume

pf: pfeifen, Apfel, Kopf, pflücken hüpfen

3 Suche Reimwörter.

klopfen
st opfen

Knopf
T opf
Z opf

stumpf
Str umpf

Zipfel
G ipfel

4 Ergänze *pf* oder *f*.

Tim ___eift ein Lied. Tina hat die Küche ge___egt. Anna hil___t der Mutter.

Luis ___iel gestern vom Baum. Nora ___legte die kranke Katze.

5 Bilde zusammengesetzte Wörter.

Spaß auf dem Spielplatz

Franziska und Simone spielen auf dem Spielplatz. Viele Freundinnen und Freunde sind auch dort. Nora kriecht durch ein dickes Rohr. Hanno läßt sein Flugzeug fliegen. Und was macht Nina? Sie liegt auf der Wiese und liest.

Das lange *i* wird meistens als *ie* geschrieben, z.B. **vie**l, Sp**ie**l.

1 Mache oben einen roten Klecks auf alle *ie*.

2 Schreibe diese Wörter auf.

____

____

____

____

3 Ergänze *viele*.

Simone hat __________ Freunde.

Sie kennt __________ Spiele.

Sie isst gerne __________ Bananen.

4 Suche Reimwörter.

5 Bilde Wörter mit *Spiel*.

Eine Floßfahrt

Die Einwohner aus dem Dorf Untersee freuen sich. Sie feiern ein großes Fest. Am schönsten ist die Fahrt auf einem Floß. Die Floßführer begrüßen die Gäste mit lautem Hallo. Hurra, schon geht es los!

1 Kreise oben alle Wörter mit ß rot ein.

2 Schreibe die Einzahl.

die Grüße – der ______________

die Flöße – das ______________

die Späße – der ______________

die Füße – der ______________

die Blumensträuße – der ______________

3 Ergänze ß.

Gru___, sü___, Strau___,

hei___, Fu___, gro___, flie___en

bei___en, wei___, Stra___e,

grü___en, sto___en, schlie___en,

flei___ig

ß steht immer nach **langen Selbstlauten,** z. B.: **Fuß**, **Grüße**.

4 Setze das passende Wort ein.
Verwende die Wörter aus den Aufgaben 2 und 3.

a) Peter läuft auf nackten ____________.

b) Tante Anna schickt liebe ____________ aus Italien.

c) Die Clowns machen lustige ____________.

d) Die Erdbeeren schmecken besonders ____________.

e) Der kleine Mops will Julia ins Bein ____________.

f) Auf der ____________ sind Autos.

Das *ss* steht immer nur nach **kurzen Selbstlauten,** zum Beispiel W**a**sser, Fl**uss**.

Für Könner!

5 *ß* oder *ss*?

!

das Wa___er, das Ki___en, ich wei___,

die Ta___e, mein rechter Fu___,

der Blumenstrau___, unsere Kla___e,

flie___en, er grü___t, sie kü___t

Ferien auf dem Bauernhof

Justus und Tina freuen sich. Endlich wieder Ferien bei Oma und Opa auf dem Bauernhof! Ihre Augen leuchten. Dieses Mal will Opa mit ihnen Kartoffeln im Feuer braten. Dazu werden auch viele Freunde eingeladen. Das wird schön!

Wörter mit *eu* haben immer nur verwandte Wörter mit *eu*, z. B. **Freunde – Freund.** Am besten merkst du dir die Wörter mit *eu*.

1 Unterstreiche alle Wörter mit *eu.*

2 Schreibe diese Wörter auf.

____

____

____

____

____

3 Bilde Wörter mit *eu.*

4 Ein schwieriges Rätsel.

1) trockenes Gras

2) Gegenteil von *alt*

3) Menschen

4) Tag nach gestern

Es ist eine ___________.

Für Könner!

5 Ordne die sechs Wörter aus Aufgabe 3 dem Alphabet nach.

1) ___________ 2) ___________ 3) ___________

4) ___________ 5) ___________ 6) ___________

Waschtag

Sascha diktiert seiner Schwester diesen Satz:
Zwischen zwei schwarzen Schwänen schweben zwei Schmetterlinge. Das ist Hanna zu schwer. Da hilft sie lieber dem Vater bei der Wäsche. Und schwupp, weg ist sie!

1. Unterstreiche oben die Wörter mit *Sch* rot und mit *sch* blau.

2. Schreibe die drei Wörter mit *Sch* auf das rosa Tischtuch.

3. Schreibe die sieben Wörter mit *sch* unten auf.

Sascha, ______________________________

____

4. Kreise nur die Namenwörter ein.

SCHNEIDEN

SCHMECKEN SCHNECKE

SCHMAL

SCHREIBEN

SCHRIFT

SCHAL

SCHRÄG

SCHRANK

5 Ordne die Wörter unten auf dem Busch richtig ein.

sch besteht aus drei Buchstaben, ist aber nur **ein** Laut.

6 Bilde Tunwörter.

So viele Tierbilder!

1 Ergänze *ein* oder *eine*.

ein Vogel

_____ Hund

_____ Hahn

_____ Elefant

eine Katze

_____ Maus

_____ Kamel

_____ Giraffe

_____ Hamster

_____ Kuh

_____ Huhn

_____ Nashorn

_____ Ente

_____ Krokodil

_____ Pferd

_____ Hase

2 Ergänze aus Aufgabe 1 den passenden Tiernamen mit Begleiter (ein, eine).

Eine _______________ miaut.

_____ _______________ hat ein Horn auf der Nase.

_____ _______________ hat einen langen Hals.

_____ _______________ schreit kikeriki.

_____ _______________ legt Eier.

Namenwörter können die Begleiter **ein** oder **eine** haben.

3 Kai legt lange Listen von allen Tierbildern an und hängt sie an die Wand. Schreibe die Tiernamen in die richtige Spalte.

der	die	das
______	Katze	______
______	______	______
______	______	______
______	______	______
______	______	______
______	______	______

4 Kreise alle Begleiter grün ein.

Hänge das Hundebild an die Wand!
Kai und Karin sammeln Tierbilder.
Karin sucht ein Tierbuch.
Kai schreibt die Tiernamen auf.
Wo ist das Nashorn?

Namenwörter können auch die Begleiter **der, die, das** haben.

5 Wie heißt die Einzahl?

die Pfaue – der Pfau

die Zebras – ______ ______

die Elche – ______ ______

die Rehe – ______ ______

die Kühe – ______ ______

Aufräumtag in der 2a

Heute wird in der 2a gründlich aufgeräumt.
Die Kinder sammeln die Sachen zusammen.
Alles soll in das neue Regal gelegt werden.
Jens klebt die Schilder unter die Fächer.
Anne schreibt alles auf.

1 Welche Schilder muss Jens aufkleben? Hilf ihm und schreibe die richtigen Wörter zu den Fächern.

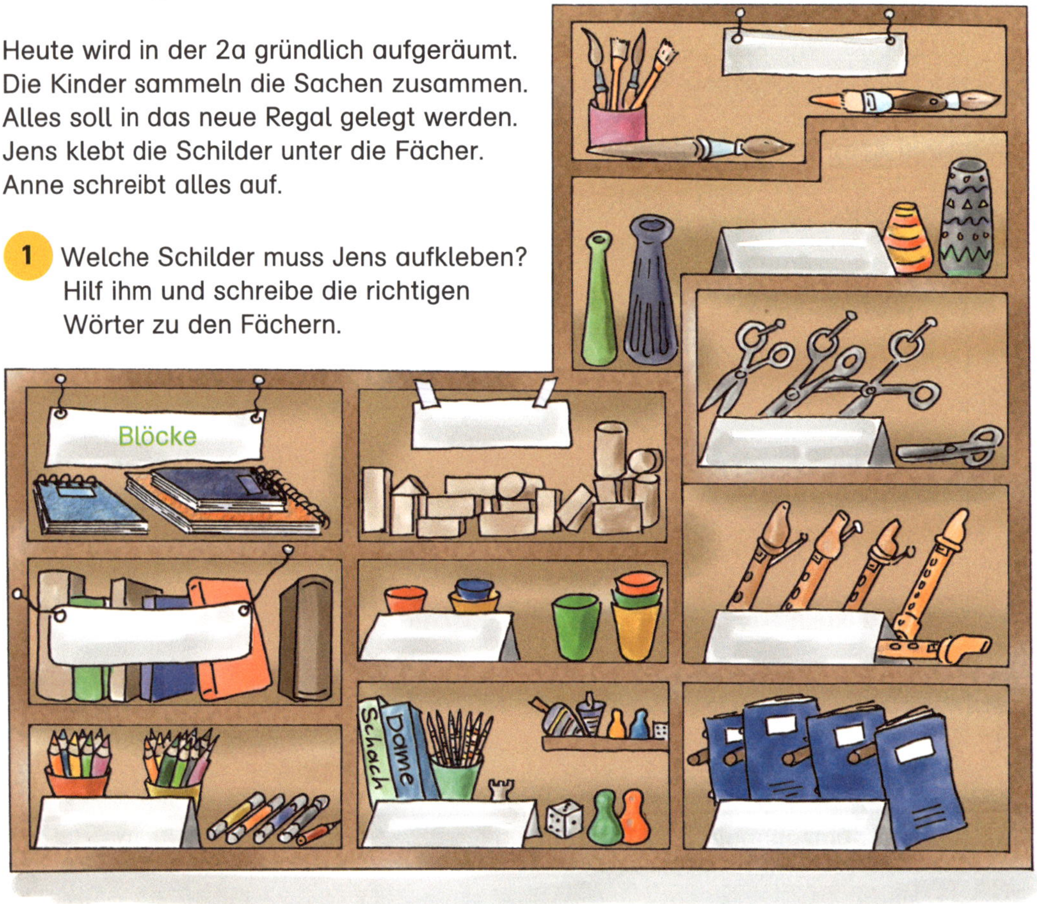

Baustein
Block
Buch
Vase
Flöte
Pinsel
Stift
Becher
Bausteine
Bücher
Heft
Scheren
Pinsel
Flöten
Spiele
Stifte
Schere
Vasen
~~Blöcke~~
Becher
Spiel
Hefte

2 Anne schreibt diese Liste auf.

Einzahl	Mehrzahl
Auf dem Tisch liegen	**Im Schrank sind**
ein Heft	viele Hefte
eine Flöte	fünf ____________
ein Block	zehn ____________
ein Becher	viele ____________
ein Stift	viele ____________
ein Buch	sechs ____________
ein Baustein	viele ____________
eine Schere	viele ____________

3 Setze die Einzahl oder die Mehrzahl ein.

Block – Blöcke

Schere – Scheren

Brief – Briefe

Buch – Bücher

Stift – Stifte

Anne legt vier ____________ auf den Tisch.

Simon schreibt gerne viele ____________ .

Lukas malt auf seinem ____________ .

Die roten ____________ liegen im Kasten.

Liv schneidet mit einer kleinen ____________ .

Namenwörter können in der **Einzahl** (Heft, Buch, ...) und in der **Mehrzahl** (Hefte, Bücher, ...) stehen.

Klassenausflug der 2b

1 Kreise die Tunwörter im Text ein.

Ein Vogel fliegt.
Kai klettert auf den Baum.
Klaus schläft.
Lea spielt mit einem Ball.
Hei, ihr springt aber weit!
Anna kriecht unter einen Busch.
Dirk und Jule sitzen auf einem Baum.
Jan liest ein Märchenbuch.
Ich hüpfe. Und was tust du?

2 Ergänze die passenden Tunwörter.

Klaus ______________ .

Hei, ihr ________________ aber weit!

Kai ________________ auf den Baum.

Lea ______________ mit einem Ball.

Jan ______________ ein Märchenbuch.

Ein Vogel ____________ .

Ich ____________.

Und was ____________ du?

Anna ____________ unter einen Busch.

Dirk und Jule

____________ auf einem Baum.

Tunwörter haben verschiedene Endungen.
Sie richten sich nach dem, der etwas tut.

ich	schreib**e**
du	schreib**st**
er, sie, es	schreib**t**
wir	schreib**en**
ihr	schreib**t**
sie	schreib**en**

3 Ergänze die fehlenden Formen.

gehen	ich gehe	du gehst	er geht
____________	____________	du schreibst	____________
____________	ich rede	____________	____________
____________	____________	____________	sie isst
springen	____________	____________	____________

Im Kaufhaus

1 Unterstreiche die Wiewörter in dem Text grün.

In unserer großen Modeabteilung finden Sie kurze Kleider und lange Mäntel, helle Jacken und weite Röcke, lange Hosen und flauschige Pullover, weiße Socken und dunkle Anzüge. Kurz, hier finden Sie alles, was Sie brauchen.

2 Zeichne einen Strich zwischen die einzelnen Wiewörter.

dickkaltfalschhartnasslangbreitaltweißgroß

3 Verbinde, was zusammengehört.

größer länger härter weich

hart groß weicher lang

Wiewörter sagen dir, **wie** Menschen, Tiere, Pflanzen oder Dinge sind.
Sie werden **kleingeschrieben**.
Mit Wiewörtern kannst du **Vergleiche** vornehmen.

4 Ordne die Wiewörter von Aufgabe 2 dem Alphabet nach.

1. ____________ 2. ____________ 3. ____________

4. ____________ 5. ____________ 6. ____________

7. ____________ 8. ____________ 9. ____________

10. ____________

5 Schreibe die Gegenteile auf. Du findest sie in Aufgabe 2.

klein groß

weich ____________

dünn ____________

kurz ____________

neu ____________

warm ____________

Für Könner!

6 Ergänze das passende Wiewort aus Aufgabe 3.

!

Die Erdbeere ist weich, aber die Butter ist ______________.

Emmas Schal ist ______________, aber Carlas Schal ist länger.

Raffaels Haus ist groß, aber Tonis Haus ist ______________.

Die Birne ist hart, aber meine Nuss ist ______________.

Zwei seltsame Ritter

Wörter bestehen aus Wortteilen.
Diese Wortteile heißen **Silben**.

1 Ritter Rico setzt gerne Wörter zusammen. Du kannst ihm helfen. Schreibe die Wörter auf.

ge
schrei
le
lie
~~ü~~
he

ben

Kin
Fe
Le
Rä
Bil
Pu

der

______________________ ______________________

______________________ ______________________

______________________ ______________________

______________________ ______________________

üben ______________________

______________________ ______________________

2 Ergänze jeweils die 2. Silbe der Tunwörter.

hen fen gen len ten

Sie lau _____ schnell.

Sie sa _____ nichts.

Die Lichter strah _____.

Die Leute war _____ lange.

Sie ge _____ heim.

3 Zerlege die Wörter, die auf den Fahnen stehen, in Silben.

Ricos Nachbar ist Ritter Leo. Er ist sein bester Freund. Leos Burg kann man nur betreten, wenn man ein Silbenrätsel gelöst hat.

Für Könner!

4 Kannst du das Rätsel lösen?

!

1. Auf einem Pferd sitzen
2. Eine lange Fahrt
3. Mehrzahl von Zelt
4. In einem Zelt leben
5. Schnell gehen
6. Altes Saiteninstrument
7. Namenwort zu *helfen*
8. Einem anderen beistehen
9. Ein braunes Tier mit langen Ohren
10. Getreide, das Pferde besonders gern mögen.
11. Man nimmt sie zum Nähen.
12. Teil des Gesichts

Ausflug in den Zoo

Aufgeregt steht die ganze Klasse 2a
vor dem Zooeingang.

1 Ergänze bei den Sätzen Punkt, Fragezeichen und Ausrufezeichen.

Herr Sämann sagt: „Lest euch das Plakat dort durch! “

Tom fragt: „Gibt es hier auch Nashörner __ “

Justus ruft: „Sieh mal, der Papagei __ “

Marion fragt: „Gehen wir auch zu den Löwen __ “

Lina sagt: „Hurra, ein Hai __ “

Lena meint: „Ich war schon oft im Zoo __ “

Justus fragt: „Darf ich ein Eis haben __ “

Sven sagt: „Es ist sehr heiß heute __ “

Caro sagt: „Mist, ich habe mein Geld vergessen __ “

Für Könner!

2 Mache aus dem Aussagesatz einen Fragesatz.

!

Das Wetter ist schön.

Ist das ______________________________ ?

Die Sonne scheint.

______________________________________ ?

Der Zoo schließt bald.

______________________________________ ?

Kai lacht laut.

______________________________________ ?

Sätze, die etwas mitteilen oder berichten, sind **Aussagesätze.** Sie haben am Ende einen **Punkt.**

An der Information neben dem Eingang hängt ein großes Plakat mit vielen Bitten an die Besucher.

Sätze, die etwas erfragen, heißen **Fragesätze.**
Sie haben am Ende ein **Fragezeichen.**
Sätze, die einen **Ausruf** enthalten, sind **Ausrufesätze**.
Sie enden mit einem Ausrufezeichen.

3 Ergänze darauf jeweils das zweite Wort (steckt, macht, bleibt, füttert, werft).

Bitten an alle Besucher

Bitte, ______________ keinen Abfall auf die Wege!

Bitte, ______________ keine Tiere!

Bitte, ______________ keinen Lärm!

Bitte, ______________ auf den Wegen!

Bitte, ______________ keine Hände durch die Gitter!

4 Verbinde die passenden Fragen und Antworten.

Wann werden die Löwen gefüttert?

Wie heißt das Tier mit dem langen Hals?

Wer klettert am besten?

Woher kommen die Elefanten?

Die Affen.

Es heißt Giraffe.

Aus Afrika und aus Asien.

Die Löwen werden um 11 Uhr gefüttert.

Ros, die Waldhexe

Wenn es im Walde knistert und knackt,
wenn es im Walde zwitschert und zwackt,
wenn es im Walde krabbelt und kracht,
dann ist Ros, die Hexe, aufgewacht.

Dann hört man sie kichern und lachen
und viele Spri-Spra-Sprüche machen.
Dann hört man sie fürchterlich fluchen
und nach ganz frechen Wörtern suchen.

Da sieht man sie dann flattern und flitzen
oder im Ki-Ka-Kochtopf sitzen.
Da sieht man sie oft Sachen machen,
da müssen selbst die Eulen lachen.

1 Male die Hexe an.
Die Waldhexe trägt eine blaue Schürze und ein rotes Kleid. Sie hat einen gelben Hut und schwarze Haare. Ihre Pantoffeln sind rosa.

2 In diesem Paket ist ihr Geburtstagsgeschenk. Was könnte es sein? Male es.

3 Wenn im Wald gefeiert wird, zaubert Ros, die Waldhexe, leckere Plätzchen. Schreibe auf, welche Formen sie am liebsten hat.

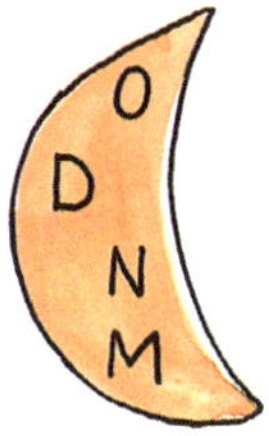

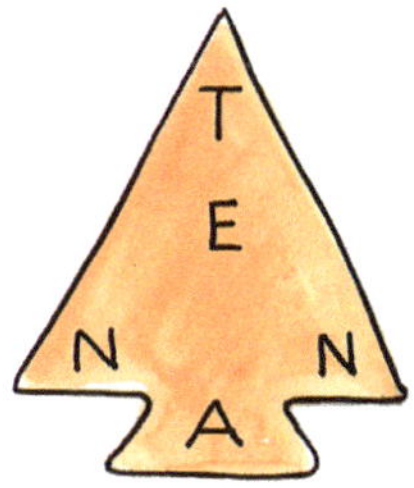

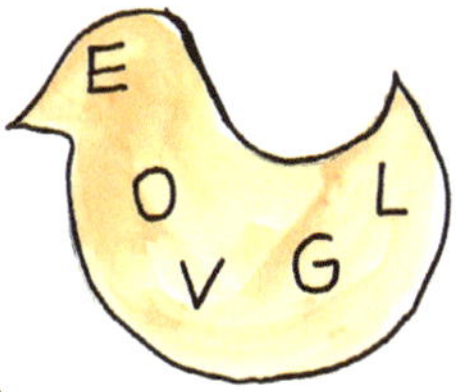

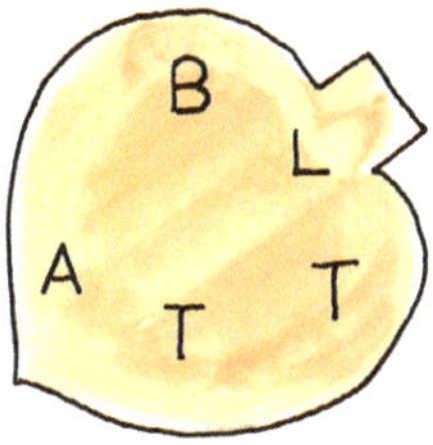

4 Auch die Lerndrachen versuchen zu zaubern. Ob diese Zaubersprüche helfen? Lies laut.

5 Erfinde auch einen Zauberspruch.

Kuh Lisa will ins Weltall

Lisa, Bauer Meckes klügste Kuh,
fand seit Sonntag keine Ruh'.
Sie trabte eifrig eine Runde
und sprach dann laut mit vollem Munde:

„Ich will mit den Astronauten geh'n
und mir das Weltall mal anseh'n.
Ich denke, das ist interessant
und mir noch völlig unbekannt."

„Darauf hätt' ich keinen Bock",
meckerte der Ziegenbock.
„Das lass ich doch lieber sein",
grunzte laut das dicke Schwein.

Die Tiere gingen schließlich weg,
nur Lisa stand da noch im Dreck,
hielt eine lange, kluge Rede,
und wurde dann allmählich müde.

1 Unterstreiche die richtigen Antworten.

a) Wie heißt die Kuh?
- Leda
- Lisa
- Lola

b) Was will sie sich ansehen?
- das Weltall
- die Altstadt
- das Dorf

c) Mit wem will sie dorthin gehen?
- mit den Bauern
- mit Freunden
- mit den Astronauten

d) Welche Tiere haben keine Lust dazu?
- das Pferd und die Katze
- der Ziegenbock und das Schwein
- der Hund und der Hahn

2 Schreibe die acht Tiere auf, die du auch auf einem Bauernhof finden kannst.

~~EN~~	GÄN	NYS	HÜH
SE	~~TEN~~	NER	PO
NE	KEL	HÄH	OCH
SEN	FER	LEN	FOH

Enten, ______________________________

____

____

3 Kennst du die Laute dieser Tiere? Verbinde, was zusammengehört.

Hunde	krähen
Pferde	grunzen
Schweine	gackern
Hähne	zwitschern
Hühner	schnattern
Gänse	bellen
Vögel	wiehern

Schnee im Kinderzimmer

1 Lies den Text, und unterstreiche die Wörter
Papier, Schere, Federn, drückt, lachend, Schreck.

Eva sitzt auf dem Bett und bastelt. Das Kopfkissen liegt auf ihren Knien. Sie benutzt es als Tisch. Gerade schneidet sie ein Blatt Papier durch.

Merkwürdig, wie schwer es auf einmal geht, denkt Eva. Was ist nur mit der Schere los? Endlich klappt es wieder. Eva schneidet munter weiter. Auf einmal kommen ihr ein paar Federn entgegen. Hei, es werden ja immer mehr!

Je fester sie auf das Kissen drückt, desto mehr Federn fliegen herum. „Hurra, es schneit!“, ruft Eva lachend. Doch dann bekommt sie einen Schreck.

Stelle **Fragen** an den Text. Das hilft dir, ihn besser zu verstehen.

2 Beantworte die Fragen.

a) Wo sitzt Eva? ______________________

b) Was benutzt sie als Tisch? ______________________

c) Was schneidet sie durch? ______________________

d) Was geht plötzlich so schwer? ______________________

e) Was fliegt auf einmal durch die Luft? ______________________

f) Hast du eine Idee, warum Eva einen Schreck bekommt?

____

____

____

3 Kreuze jeweils den richtigen Satz an.

a) ☐ Eva liegt im Bett.
☐ Eva sitzt im Bett.
☐ Eva steht im Bett.

b) ☐ Eva schneidet.
☐ Eva malt.
☐ Eva schreibt.

c) ☐ Federn fliegen durch das Zimmer.
☐ Vögel fliegen durch das Zimmer.
☐ Schneeflocken fliegen durch das Zimmer.

4 Kreise ein, was du am liebsten im Bett tust.

ein Buch lesen
schlafen
Flöte spielen
Geschichten hören
träumen
ein Bild malen
Schulaufgaben machen

5 Male alles an, was Federn hat.

Adler
Krokodil
Huhn
Ente
Dackel
Spatz
Gans
Hahn
Fisch

Spieglein, Spieglein ...

1 Ergänze im Text die fehlenden Wörter.

Der kleine Thomas steht vor dem Spiegel. Er schließt die ______________. Langsam macht er sie wieder auf. Er kneift ein Auge zu. Immer wieder dreht er seinen ____________ hin und her. Aber Thomas ist unzufrieden.

„Warum machst du denn die Augen zu, wenn du vor dem ______________ stehst?“, fragt seine ______________ nach einiger Zeit. „Ich will endlich wissen, wie ich im Schlaf aussehe“, stöhnt ________________.

2 Ob Thomas es schließlich doch noch geschafft hat? Was meinst du?

ja ☐ nein ☐

3 Merkwürdige Wörter. Lies sie rückwärts und schreibe diese Wörter auf.

EHER – REHE   TOR – __________   NIE – __________

OTTO – __________   EIS – __________

TIM – __________   RETTER – __________

4 Was sagt Lizzy? (Ein Spiegel hilft dir.)

5 Zwei Wörter gehören nicht in diese Liste. Streiche sie durch.

Spiegelei
Spiegelfläche
Spielzeit
Spiegelschrank
Spielstraße
Spiegelschrift

Spiele und Wörterrätsel trainieren die Geschicklichkeit und Schnelligkeit deiner Augen. So lernst du schneller zu lesen.

6 Hier erfährst du, was Thomas am liebsten macht.

S T E R N
1 2 3 4 5

V O G E L
1 2 3 4 5

R

_ _ _ _ _
1 2 3 4 5

_ _ _ _
1 2 3 4

_ _ _ _ _
1 2 3 4 5

_ _ _ _ _
1 2 3 4 5

ER VER _ _ _ _ _ _ _ _ _ _ _ _ _ _ .

Trubel auf dem Bahnhof

Liane und Markus stehen mit ihrem Vater auf Bahnsteig 2. Sie wollen ihre Großeltern abholen. Die Wartezeit vergeht sehr schnell, denn es gibt so viel zu hören und zu sehen.

A	B	C	D	E	F	G	H	I
1	2	3	4	5	6	7	8	9
J	K	L	M	N	O	P	Q	R
10	11	12	13	14	15	16	17	18
S	T	U	V	W	X	Y	Z	
19	20	21	22	23	24	25	26	

1 Was sagt der Lautsprecher?

22 15 18 19 9 3 8 20 | 2 5 9 | 4 5 18

5 9 14 6 1 8 18 20 | 4 5 19 | 26 21 7 5 19

2 Eine merkwürdige Abfahrtstafel!
Male die sieben Wörter gelb an, die mit Zug und Bahnhof zu tun haben.

3 Markus und Liane staunen über die vielen Zeichen, die sie sehen. Die meisten können sie verstehen. Du auch? Verbinde.

Dusche

Toiletten

Raucher

Restaurant

Untergrundbahn

Hotel

Information

Parkhaus

Telefon

Parkplatz

Notausgang

Nichtraucher

Merk's dir!

Nutze alle Gelegenheiten, um zu lesen. Lies zum Beispiel Plakate, wenn du unterwegs bist. So wirst du bald ein Schnellleser.

4 Ergänze die fehlenden Buchstaben auf dieser verschmutzten Abfahrtstafel.

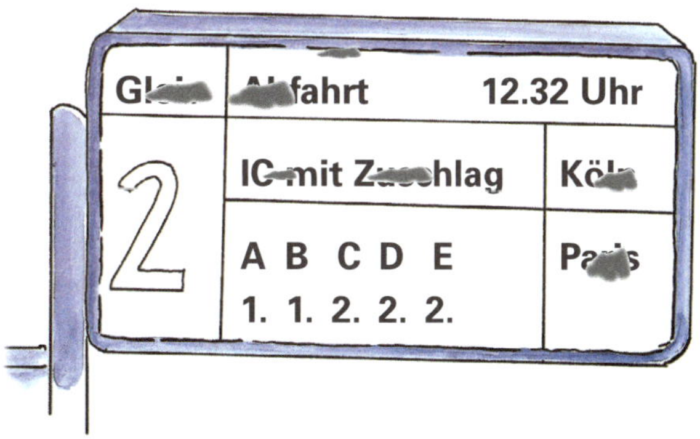

Betten und andere Sachen

Lena soll endlich ein großes Bett bekommen. Die ganze Familie fährt zu einem Bettengeschäft: Vater, Mutter, Lena und der kleine Tobias. Ein netter Verkäufer zeigt ihnen viele Betten. Aber Lena kann sich nicht entscheiden. Mal liegt sie auf diesem Bett, mal auf jenem Bett. Sie sind alle sehr bequem. Lena überlegt.

Auf einmal ruft die Mutter erschrocken: „Wo ist denn unser Tobias?“ Ja, wo ist er denn nur? Alle suchen und suchen und suchen. Aber sie können ihn nicht finden. Auf einmal ruft eine Verkäuferin die Familie in einen Nebenraum. Sie zeigt auf ein kleines, hellblaues Himmelbett. Dort liegt Tobias und schläft tief und fest.

1 Stimmt das?

		ja	nein
a)	Die ganze Familie fährt zum Bettengeschäft.		
b)	Lena will kein neues Bett.		
c)	Lena kann sich nicht so schnell entscheiden.		
d)	Tobias ist auf die Straße gelaufen.		
e)	Tobias liegt in einem Himmelbett.		

Wenn du dir einen Text gut merken willst, kannst du die **wichtigsten Wörter** daraus **aufschreiben**.

Für Könner!

2 Kreise hier nur die Wörter ein, die zum Text oben gehören.

!

Lena Blumen Bettengeschäft Wiese

Tobias Bett Eisgeschäft

tanzt Himmelbett schläft

Anna

3 Auf, im, hinter, neben, unter? Rahme das richtige Bild rot ein.

a) Der Strumpf liegt unter dem Kissen.

b) Die Bürste liegt auf dem Teller.

c) Der Strohhalm steckt im Glas.

d) Die Brille liegt neben dem Buch.

e) Das Glas steht hinter dem Kamm.

4 In jedem Wort ist ein anderes Wort versteckt. Kannst du es erkennen?

Bengel – Engel

Bein – ______

Zimmer – ______

Beule – ______

Gast – ______

Zeichen – ______

hampeln – ______

heben – ______

Nacht – ______

Greis – ______

Eine fantastische Geschichte!

Eine **Erzählung** kann ein eigenes, ein geträumtes oder erfundenes Erlebnis erzählen.

1 Schreibe zu jedem Bild den passenden Satz.

Plötzlich wird das Schiff immer größer.

Nora bastelt ein Papierschiff.

Dann setzt sie es ins Wasser.

Nora freut sich, steigt ein und fährt davon.

Nora bastelt ____________________

____

____

____

____

____

____

____

2 Mit welcher Einleitung könnte die Geschichte beginnen?
Denke dir zunächst Antworten auf diese Fragen aus:

Wer ist die Hauptperson? ____________________

Wann spielt die Geschichte? ____________________

Wo spielt die Geschichte? ____________________

3 Fasse die Antworten in einer Einleitung zusammen.

____

____

____

In einer **Einleitung** nennst du Personen, Ort und Zeit, damit der Leser die Geschichte besser versteht.

4 Wie soll die Geschichte zu Ende gehen?
Erfinde den Schluss. Wenn du magst,
male ein passendes Bild auf einen Malblock.

____

____

____

____

____

Auf dem Dachboden

1 Schreibe neben jedes Bild den passenden Satz.

auf dem Dachboden.

stehen

Alex und Nele

Alex und Nele stehen auf dem Dachboden.

öffnen

Sie

eine große, alte Kiste.

vorsichtig

Sie öffnen eine große, alte

2 Wie geht es weiter? Schreibe, und male die Geschichte zu Ende.

Achte auf treffende Tunwörter und Wiewörter. Dann wird deine Geschichte spannend und lebendig.

3 Hast du an einen abschließenden Schlusssatz gedacht? Wenn nicht, dann schreibe ihn nun. Du kannst auch einen der beiden Beispielsätze nehmen, wenn sie passen.

Merk's dir!

Eine gute Geschichte endet mit einem **Schlusssatz**, der die Geschichte abrundet.

Alex und Nele bleiben den ganzen Tag auf dem Dachboden.

Die Kinder freuen sich sehr über diese Überraschung.

Der erste Preis

1 Schreibe den Satz neben das Bild.

In ihren Ferien bauen Mia und Leo eine große Sandburg

In ihren Ferien ____________________

____

____

____

②

2 Male das zweite und dritte Bild, und schreibe einen Text dazu. Vorsicht: Schau zuerst, wie die Geschichte ausgeht!

____

____

____

____

Der Teil zwischen Einleitung und Schluss ist der **Hauptteil**. Das ist der längste Teil. Er muss spannend sein, damit der Leser ihn gerne liest.

Mia und Leo haben den ersten Preis gewonnen.

Die beiden freuen sich sehr.

Mia und Leo

Ein Anruf von Vater

Vater: Hallo, Lars!

Lars: Hallo, Papa!

Vater: Wie geht es dir?

Lars: Mir geht es prima, danke. Warum rufst du an?

Vater: Ich hätte eine Bitte an Mama. Ist sie zu Hause?

Lars: Nein, sie ist zum Bäcker gegangen.

Vater: Sag Mama doch bitte, dass ich sie um zwei Uhr treffen will. Sie soll vor dem Möbelhaus Wagner stehen. Ich will ihr dort einen schönen Schrank zeigen.

Lars: Mach ich, bis heute Abend, Papa.

Vater: Bis nachher, Lars.

1 Unterstreiche diese Stichwörter oben im Text.

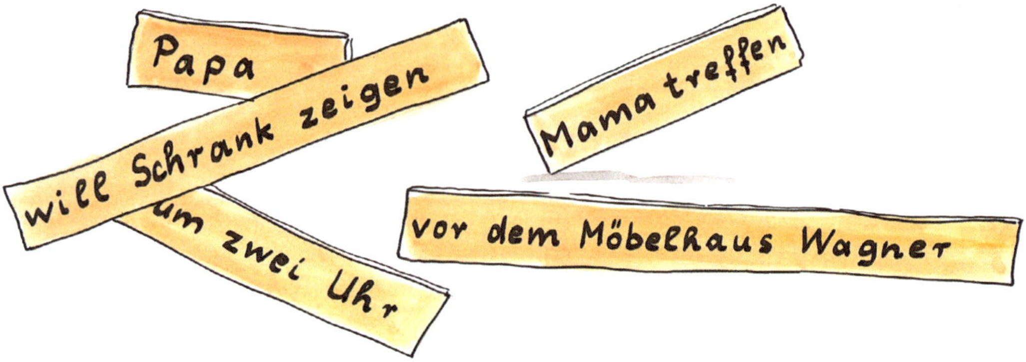

2 Lars schreibt nun die Nachricht für seine Mutter auf. Beantworte die Fragen.

1) Wer hat angerufen? ____________________

2) Was wollte er? ____________________

3) Wo will er Mutter treffen? ____________________

____

4) Wann? ____________________

5) Warum? ____________________

Auf einem Merkzettel hältst du **das Wichtigste** in wenigen Worten fest.

Für Könner!

3 Lizzy erzählt Lenny von einem geplanten Ausflug. Schreibe einen Merkzettel für Lenny in dein Heft. Achtung, nicht alles, was Lizzy sagt, ist für den Ausflug wichtig.

„Heute habe ich sogar schon einen Aufsatz geschrieben. Morgen fahren wir um 9 Uhr los. Wir treffen uns an der Bushaltestelle hinter dem gelben Haus. Mit Opa Nepomuk bin ich heute schon um die Wette geflogen. Du brauchst etwas zu essen und zu trinken. Und einen Regenschirm solltest du auch einpacken. Was macht eigentlich dein Drachenflügel? Tut er noch weh?“

Eine Nachricht für Mutter

Während Mutter die Nachbarin im Krankenhaus besucht, bekommt Nina einen Anruf von ihrer Freundin Laura: „Kommst du heute zu mir spielen?“, fragt Laura.
„Oh ja, ich schreibe schnell eine Nachricht für meine Mutter. Dann komme ich“, lacht Nina.

Nina sucht einen Zettel und einen Stift. Dann schreibt sie:

> Liebe Mama!
>
> Ich bin um drei Uhr zu Laura gegangen.
> Wir spielen dort im Garten.
> Um fünf Uhr bin ich wieder zu Hause.
>
> Deine Nina

Eine Nachricht enthält nur **wichtige Informationen**. Außerdem hat sie eine **Anrede**.
So weiß jeder, für wen die Nachricht ist.

1 Schreibe auf, was die Mutter in dieser Nachricht erfährt.

a) Wann ist Nina weggegangen? ______________________

b) Wohin ist sie gegangen? ______________________

c) Wann kommt sie wieder? ______________________

Tobias möchte mit seinem Freund Jan ins Schwimmbad gehen. Schnell schreibt er eine Nachricht für seine Mutter auf.

2 Ergänze die fehlenden Wörter.

Liebe Mama!

Um ______________ bin ich ______________

ins ________________________

gegangen.

Ich bin __________________ wieder zurück.

Dein Tobias

3 Schreibe auf, was man in einem Schwimmbad tun kann.

tauchen, ____

Eine Einladung zum Spieltag

Die Klasse möchte die Eltern und Geschwister zum Spielnachmittag einladen. Verschiedene Einladungsvorschläge werden vorgelesen.

Emilias Vorschlag:

Liebe Eltern, liebe Geschwister!

Wir laden euch zu unserem Spielnachmittag ein.
Wir freuen uns auf euch.

Viele Grüße,
eure Klasse 2a

Jannis Einladung:

Liebe Eltern, liebe Geschwister!

Zu unserem Spielnachmittag am Rhein laden wir euch herzlich ein.
Wir werden viele schöne Sachen machen.

Liebe Grüße,
eure Klasse 2a

Lenas Vorschlag:

Liebe Eltern, liebe Geschwister!

Wir laden euch zu unserem Spielnachmittag auf der Rheinwiese hinter der Brücke ein.
Er findet am 10. Juni um 15 Uhr statt.

Viele Grüße,
eure Klasse 2a

1 Kreuze an, in welcher Einladung die Eltern erfahren, wann und wo das Fest stattfindet.
Sie erfahren es in der Einladung von

Janni ☐ Lena ☐ Emilia ☐

2 Schreibe selbst eine Einladung. Setze dazu die Satzteile richtig zusammen.

In einer **Einladung** nennst du Grund, Ort und Zeit der Feier.

Wir laden euch zu dem Schulfest

am 16. Mai ein.

auf dem Schulhof statt.

Klasse _

Es findet

Liebe Eltern!

um 14 Uhr

Viele Grüße,

Eine Postkarte für Tante Julia

Diese Postkarte schrieb Lisa an ihre Tante Julia.

1 Male so:
einen roten Kreis um die Anschrift,
einen gelben Kreis um den Absender,
einen blauen Kreis um die Anrede,
einen rosa Kreis um den Text und
einen grünen um den Schluss.

Abs.: Lisa Magnus
Schulgasse 2
38126 Braunschweig

Liebe Tante Julia!

Wie geht es dir? Mir geht es gut. Seit drei Tagen gehe ich wieder zur Schule. Wir gehen einmal in der Woche schwimmen. Das macht Spaß.

Viele Grüße,
deine Lisa

Frau
Julia Schmitz
Klever Str. 122
40477 Düsseldorf

Auf eine Postkarte schreibst du die Anschrift und den Absender, die Anrede und den Text. Ein Gruß und die Unterschrift stehen am Schluss. Die Anredefürwörter für vertraute Personen darfst du auch großschreiben (du/Du, ihr/Ihr, dir/Dir, euch/Euch, dich/Dich, ...).

2 Schreibe die Postkarte auf Seite 112 ab, oder schreibe selbst eine Postkarte.

Abs.: ____________________

____

____

____

____

____

____

3 Bilde neue Tunwörter.

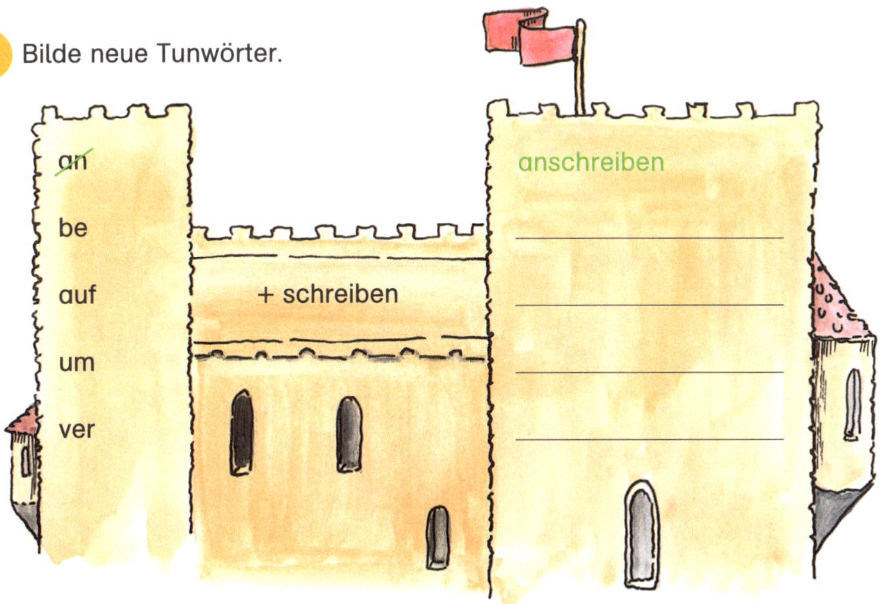

Ein neues Haustier

1 Ergänze den Tiernamen.

„Ich habe ein Tier bekommen, ich habe ein Tier bekommen!“, jubelt Klara. „Was ist es denn?“, will Simon wissen. „Rate mal: Es ist schwarz mit vier weißen Pfoten, an denen scharfe Krallen sind. Wenn es wütend ist, macht es einen Buckel. Es kann ganz leise schleichen. Wenn es sich freut, schnurrt es“, erklärt Klara.

„Ah, ich weiß, es ist eine _ _ _ _ _ .“
(EZTAK)

Möchtest du ein **Tier beschreiben,** dann erkläre, wie es aussieht, was es kann, welche Laute es von sich gibt und was es gerne tut.

2 Male das Tier hier auf. Wenn du möchtest, kannst du dein Lieblingstier daneben zeichnen.

3 Unterstreiche die fünf Wiewörter oben im Text.

Nun erzählen auch die anderen Kinder von ihren Haustieren.

4 Verbinde Text und Bild, und schreibe die Tiernamen auf die Bilder.

Mein Tier ist groß. Es hat einen langen Schwanz und große, spitze Ohren. Es hat ein langes Maul mit scharfen Zähnen. Es kann knurren und bellen.
(DNUHREFÄHCS)

d) ____________________

b) ____________________

Rita

Mein Tier lebt im Wasser. Es ist goldgelb.
(HCSIFDLOG)

Kai

a) ____________________

c) ____________________

e) ____________________

5 Beschreibe dein Lieblingstier.

____

____

____

____

____

Nomen und Satzanfänge

Leise schlichen Tim und Mark durch das dunkle Haus. Die Jungen schrien auf und starrten voll Angst auf eine grüne Schlange, die sich durch den Flur schlängelte. Sie stürzten die Treppe hinunter. „Hilfe, Hilfe, eine Schlange!“, riefen sie. Vor Schreck machten die beiden so einen Lärm, dass sie gar nicht hörten, wie oben zwei Mädchen kicherten.

1 Unterstreiche im Text die Nomen grün und die Satzanfänge gelb.

2 Streiche in jeder Reihe das Wort durch, das nicht passt.

Baum Freude Brille liegen Kai Wald
süß freundlich Schwein lieb heiß alt
gehen Tür springen lachen schreiben
Glück Anne Stuhl du Angst Feder Mut.

3 Schreibe die Nomen aus Aufgabe 2 mit dem Artikel auf.

der Baum, ______________________________

____

____

____

Auch Namen sind Nomen.
Nomen werden immer **großgeschrieben**.

4 Trenne diese Nomen mit einem Strich voneinander.

mauszufriedenheitganswuttannelarshoffnungbäckermariadachheftärgerbuchalex

5 Schreibe aus Aufgabe 3 und 4 die Nomen heraus, die für gedachte Dinge stehen (wie Gefühle oder Gedanken).

____

____

Satzanfänge schreibst du **groß**.

6 Diese Nachricht fand Lars im Briefkasten. Schreibe sie richtig auf.

morgentreffenwirunsimschuppennebenderbrücke.unsere
freundeausderlindenstraßekommenauch.bringtbrotemit,damit
wirnichtverhungern.ichsorgefürdiegetränke.vielegrüße,kevin

____

____

____

____

____

____

Lange Selbstlaute mit Kennzeichnung

1 Bilde Wörter mit *aa, ee* oder *oo.*

	T	M	
L			R
B			T
	R	R	

	P	H	
S			L
S			T
	R	R	

	M	Z	
M			S
B			T
	R		

2 Schreibe die elf Nomen aus Aufgabe 1 hier mit ihrem Artikel auf.

der Teer, ______ ______ ______

______ ______ ______

______ ______ ______

______ ______ ______

3 Hier findest du in jeder Reihe drei Wörter mit *-h*. Schreibe sie jeweils daneben.

klkahnnmjhgbahnklüipzahlfdx ______ ______ ______

uimzehnhlehrerdsgtlphjnmehl ______ ______ ______

ysohledfwhbohnetzuiofohlenp ______ ______ ______

tkouhrpwrqhuhnswqtzstuhlzk ______ ______ ______

Doppelte Selbstlaute und Selbstlaute vor einem *h* werden **lang gesprochen**.

Wörter mit langem i, ie oder ih

1 Ordne die Wörter mit dem langen *i*.

Rosine spielen wir viele mir ihm ihre Tiger Biene ihn ihr Kino hier Zwiebel Juli lieb Fieber Tier ihnen

i	ie	ih

Nur die Pronomen *ihm, ihr, ihn, ihnen* ... werden mit *ih* geschrieben.
Das lange *i* schreibt man **meistens** *ie*.

2 Schreibe die Wörter mit *ie* aus Aufgabe 1 hier dem Alphabet nach auf.

1. ______ 2. ______ 3. ______ 4. ______

5. ______ 6. ______ 7. ______ 8. ______

3 Suche Reimwörter.

Biene	Wiese	er schrieb	tief	Fliege
Sch______	R______	sie bl______	sch______	W______

Wörter mit s oder ß

1 Ordne die Wörter.

Glas Fuß schießen Haus draußen Grüße groß gießen süß aus Gras Mäuse fleißig Eis

s	ß
Glas, ______	draußen, ______
______	______
______	______
______	______
______	______

2 Lies die Wörter bei Aufgabe 1 laut, und mache einen Strich unter die langen Selbstlaute und unter die Doppellaute vor *s* und *ß*.

Nach langem Selbstlaut und nach Doppellauten steht **meistens** *ß* und manchmal *s*, aber niemals *ss*.

3 Ordne die Wörter.

süßheißstraßegroßbeißenstraußfleißigweißfußstoßenspaßiggießengruß

Nomen	Adjektive	Verben

4 Ergänze *ß*.

Flei__ drei__ig Gru__ versü__en

schlie__en Rei__verschluss Spa__ zerrei__en

Für Könner!

5 Suche die vier Nomen in Aufgabe 4 und bilde damit je einen Satz.

1. ______________________________

2. ______________________________

3. ______________________________

4. ______________________________

Wörter mit v

Für Könner! **1** Lies die Wörter laut. Ordne sie dann ein.

Vase, Vorsicht, vorher, Versteck, Kurve, Vater, Villa, Klavier, Vogel, von, Veilchen, Vulkan, November

V/v wie w gesprochen	V/v wie f gesprochen
Vase, ______	______
______	______
______	______
______	______

2 Bilde Wörter mit *ver-* und *vor-*.

ver- folgen irren stehen ______

______

______

vor- laufen tragen fahren ______

3 Bilde Wörter mit *viel*.

viel -leicht ______

-mehr ______

-fach ______

Merk's dir!

Das *V/v* wird in einigen Wörtern wie *w* und in einigen wie *f* gesprochen. Präge dir diese Wörter gut ein.

Wörter mit ä oder äu

Plopp! Sanft landete ein Ufo neben meinem Apfelbäumchen. Ein grünes Männchen stieg aus. Freundlich winkte es mit seinen kleinen Ärmchen zu mir herüber. Es hatte lila Händchen und gelbe Äugelchen. Auf seinem Näschen leuchtete ein roter Fleck. Es kam auf mich zu, zog sein Jäckchen aus und schenkte es mir. Bevor ich ihm danken konnte, war es verschwunden.

Die meisten Wörter mit *ä* und *äu* haben Verwandte mit *a* und *au*.

1 Schreibe die Wörter mit der Silbe *-chen* heraus und schreibe die Grundform dazu.

Apfelbäumchen – Apfelbaum

____

____

____

____

____

____

2 Kevin fotografiert sehr gern.

Er fotografiert nicht nur
einen Kahn, sondern viele ______________, nicht nur
einen Baum, sondern viele ______________, nicht nur
einen Schlauch, sondern viele ______________, nicht nur
eine Maus, sondern viele ______________, nicht nur
ein Fass, sondern viele ______________.

Wörter mit doppelten Mitlauten

1 In jeder Reihe verstecken sich drei Wörter mit doppeltem Mitlaut. Ordne sie unten ein.

trgBallrthLkJrettenmjfdÜPKannelqkjluop
gnennenmmHGBettZFgrTRmnHammer
fgtsTreppeMNbhtalleölghjSuppeAKGHF
ghfbnkommenPmnhellfinswvbBrettKHj
jkhgSpinneSiuoiimmereiooHwippenNMh

ll	mm	nn	pp	tt

2 Setze einen Punkt unter die kurzen Selbstlaute.

Watte Zimmer nett Pappe Affe schallen irren Klasse gewinnen

3 Ordne die Wörter von Aufgabe 2 dem Alphabet nach.

1. ____________ 2. ____________ 3. ____________
4. ____________ 5. ____________ 6. ____________
7. ____________ 8. ____________ 9. ____________

Die Selbstlaute vor doppelten Mitlauten werden immer **kurz** gesprochen.

Wörter mit ss

Leo, Kati und die anderen Kinder haben gerade ihr Frühstück aufgegessen, als die Lehrerin sagt: „Wusstet ihr schon, dass Susi uns morgen verlässt? Lasst uns ein schönes Lied für sie singen! Fasst euch bei den Händen, und macht einen großen Kreis.“ „Hoffentlich vergisst du uns nicht so schnell!“, ruft Leo.

1 Unterstreiche die Wörter mit *ss*.

Nach einem kurzen Selbstlaut steht **immer** *ss*.

2 Sprich die Wörter mit *ss* laut. Setze dann einen Punkt unter den kurzen Selbstlaut davor.

3 Weißt du, wie es heißen muss?

essen: Fabian isst eine Banane.

fressen: Das Pferd __________ gerne Heu.

vergessen: Lena __________ oft ihre Sachen.

messen: Sara __________ die Tischkante.

4 Suche Reimwörter.

Fluss	Fass	Ross	Tasse	Rüssel
K ______	n ______	Schl ______	G ______	Schl ______
N ______	bl ______		M ______	Sch ______
Schl ______				

Wörter mit tz

Das kleine, weiße Gespenst flog über den verlassenen Marktplatz. Da entdeckte es in der letzten Ecke eine große Pfütze. Munter sprang es darin hin und her und spritzte mit dem Wasser herum. „Ist das witzig!“, lachte es. Dann flog es nass und schmutzig auf die nächste Kirchturmspitze, setzte sich auf die höchste Stelle und putzte sich.

1 Markiere im Text alle Wörter mit *tz* farbig.

Vor *tz* steht immer ein **kurzer** Selbstlaut oder Umlaut.

2 Lies im Text die *tz*-Wörter laut, und setze einen Punkt unter den kurzen Selbstlaut vor dem *tz*.

3 Suche Reimwörter.

Hitze	**Spatz**	**flitzen**	**Katzen**
Spr ______	Pl ______	schw ______	pl ______
R ______	Sch ______	s ______	kr ______
W ______	S ______	sp ______	schm ______

Für Könner!

4 Ergänze *z* oder *tz*.

!

Schwan ___ Ta ___ e stür ___ en Ar ___ t

spi ___ Schmer ___ bli ___ en War ___ e

tro ___ ig schwar ___ Mü ___ e gei ___ ig

Wörter mit ck

1 Ordne die Wörter.

Brücke Deckel drücken glücklich stecken Zucker trocken backen locker Locke dreckig schicken

Nomen	Verben	Adjektive

2 Bilde Wörter mit *ck*.

Bl̲ick, di___, Sto___, Spe___, Sa___, Ro___, Stri___, Blo___, Gepä___

3 Lies die Wörter bei Aufgabe 1 und 2 laut.

Merk's dir!

Selbstlaute und Umlaute vor *ck* werden immer **kurz** gesprochen.

Wörter mit einem und mehreren Mitlauten

1 Löse das Silbenrätsel.

fra Schwä Pfa Schu Fe

de dern ne le gen

a) Grundform von *du fragst*: ______________

b) Hier lernst du jeden Tag: ______________

c) Mehrzahl von *Schwan*: ______________

d) Ganz schmale Wege: ______________

e) Das hat jeder Vogel: ______________

Bei Wörtern mit einem Mitlaut wird dieser bei der Worttrennung auf die nächste Zeile gesetzt.

2 Ergänze jeweils die zweite Silbe.

ze peln ge ten ken de tuch sen ne

a) Gegenteil von oben: un______

b) Frucht des Birnbaums: Bir______

c) Sie stehen an vielen Kreuzungen: Am______

d) Bei Gewitter gibt es Blit______.

e) Schlecht riechen: stin______

f) Auf der Matratze liegt das Bett______.

g) Größer werden: wach______

h) Greifwerkzeug: Zan______

i) Zimmer haben Wän______.

Bei zwei und mehr Mitlauten wird der letzte Mitlaut bei der Worttrennung auf die neue Zeile gesetzt.

Wörter mit doppelten Mitlauten

1 Verbinde, was zusammengehört, und schreibe die Wörter auf.

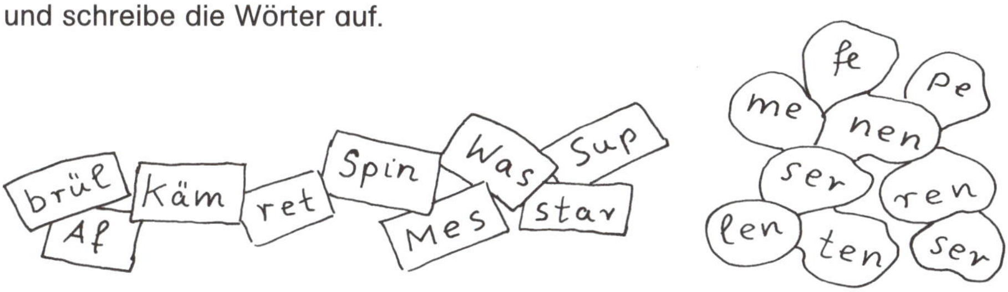

____

____

____

Wir trennen zwischen doppelten Mitlauten, wenn diese zwischen Selbstlauten stehen. Beispiele: schwi**m-m**en, Pu**p-p**e

2 Ergänze jeweils die zweite Silbe.

Stolz sprang der 12-jährige Knap_____ Otto als Erster vom Pferd. Sein Rap_____ war im_____ schnel_____ als die anderen Pferde!

Müde ließ Ot_____ die schweren Waf_____ und den Schild mit dem Wap_____ seines Herrn in das weiche Gras fal_____. Dann holte er sich frisches Was_____ vom Brun_____, legte sich ins Gras und genoss die warme Son_____.

pen, ne, len, to, ler, pe, nen, fen, ser, pe, mer

Zeichen am Satzende

1 Markiere die Ausrufezeichen grün und die Fragezeichen blau.

Maya und Florian gehen über den Kirmesplatz. Überall sind viele Menschen. Sie stehen vor den Karussells und an den Buden. Sie lachen und freuen sich. Heiße Bratwurst, heiße Bratwurst! Die Leute schauen sich um. Woher kam das Rufen? Woher kommt der herrliche Duft? Zieht Lose! Zehn Lose für fünf Euro! Kommt zu unserer Schau der starken Männer! Jeder ist eingeladen! Warum zögern Sie, meine Damen und Herren? Was für ein Gerufe und Geschreie! Was für Lärm! Florian hält sich die Ohren zu.

Am Ende eines Aussagesatzes steht ein **Punkt** (.).
Am Ende eines Ausrufesatzes steht ein **Ausrufezeichen** (!).
Am Ende einer Frage steht ein **Fragezeichen** (?).

2 Ergänze Punkt, Ausrufezeichen oder Fragezeichen.

Die Sonne scheint

Woher kommt das Auto

Die Kinder stehen vor dem Kino

Gib mir dein Heft

Wann fahrt ihr nach Hause

Halt bitte die Tasche auf

Geht ihr mit uns schwimmen

Sei endlich still

Lore und Felix haben Hunger

Willst du einen Apfel

Was hast du gesagt

Lauf, hol dir den Ball

Komm her, mach schnell

Geh schneller

Der Vampir segelte durch die Luft

Satzzeichen bei wörtlicher Rede

Du kannst dieses Gespräch auch so aufschreiben:

Lizzy fragt: „Lenny, fliegst du mit mir?“
Lenny antwortet: „Ja, ich komme gleich.“
Opa Nepomuk sagt: „Hallo ihr beiden, ich mache eine Pause.“

1 Markiere die Anführungszeichen farbig und unterstreiche die wörtliche Rede.

Die wörtliche Rede wird immer in **Anführungszeichen** gesetzt.

2 Ergänze die Anführungszeichen.

Simon fragt: Gehst du auch zum Sportplatz?

Rebecca antwortet: Ja, aber ich fahre mit dem Fahrrad.

Simon ruft erfreut: Prima, dann lass mich hinten draufsitzen!

Doch Rebecca meint: Ich glaube, du bist mir zu schwer. Es ist besser, wenn du fährst und ich hinten sitze.

Nomen mit Artikel

Vater und Sohn sitzen auf einer alten Eiche. Eifrig bauen sie ein Baumhaus. Schnell wird noch das letzte Brett angenagelt. Dann ist es fertig. Stolz betrachten sie ihr gemeinsames Werk. Was für ein schöner Tag!

1 Unterstreiche die Nomen oben im Text.

2 Schreibe sie so hier auf.

ein Vater – der Vater, ______________________________

____

____

____

Nomen können Artikel haben.
Die **bestimmten Artikel** sind *der, die, das*.
Die **unbestimmten Artikel** sind *ein, eine*.

3 Ordne richtig ein.

Zahl, Jahr, Rakete, Ente, Auto, Huhn, Baum, Wecker, Postbote, Nummer

der	die	das

4 Schreibe ebenso:

die Windjacke: der Wind, die Jacke

der Lastwagen: ______________________, ______________________

das Motorboot: ______________________, ______________________

die Autobahn: ______________________, ______________________

die Schranktür: ______________________, ______________________

Bei zusammengesetzten Nomen bestimmt das **Grundwort** den Artikel.

5 Setze in die Einzahl.

die Bergsteiger – der ______________________

die Straßenbahnen – ______________________

die Krankenwagen – ______________________

die Flugzeuge – ______________________

die Frachtschiffe – ______________________

die Leuchttürme – ______________________

Für Könner!

6 Ergänze das passende Wort aus Aufgabe 5.

a) ______________________ fliegt nach Amerika.

b) ______________________ leuchtet nachts.

c) ______________________ liegt im Hafen.

d) ______________________ klettert auf den Berg.

e) ______________________ fährt zum Krankenhaus.

f) ______________________ hält an der Haltestelle.

Verben

1 Bilde Verben.

~~rol~~ blü schei sin grun bel flie knat – gen gen hen ~~len~~ len nen tern zen

rollen, ______________________________

____

2 Setze die passenden Verben aus Aufgabe 1 hier in der richtigen Form ein.

Das Motorrad knattert. Das Schwein grunzt.

Fiona ______________. Die Sonne ______________.

Ein Hund ______________. Die rote Tulpe ______________.

Das Rad ______________. Das Flugzeug ______________.

Verben sagen, was jemand tut oder was geschieht. Sie haben einen **Wortstamm** (*flieg-/-sing*) und **verschiedene Endungen**: *e, st, t, en* (fliegst, fliegt). Sie werden **kleingeschrieben**.

3 Setze die Verben in der richtigen Form ein.

	singen	kochen	lernen	stricken
ich	singe	koche	lerne	
du	singst	kochst	lernst	
er, sie, es	singt	kocht	lernt	
wir	singen	kochen	lernen	
ihr	singt	kocht	lernt	
sie	singen	kochen	lernen	

4 Unterstreiche die Verben.

Gestern schrieb Dora einen Brief an ihre Freundin. Anschließend steckte sie ihn in einen Umschlag und klebte eine Briefmarke darauf. Schnell lief sie zum nächsten Briefkasten und warf ihn hinein. Kurz darauf kam der Postbote und leerte den Briefkasten.

5 Schreibe den Text in der Gegenwart.

Dora schreibt ______________________

Verben sagen uns auch, **wann** etwas geschieht.

6 Ergänze die fehlenden Formen.

Grundform	Gegenwart	1. Vergangenheit	2. Vergangenheit
schreiben	sie schreibt	sie schrieb	sie hat geschrieben
lesen	er liest	er las	er hat gelesen
essen		es aß	
rufen			er hat gerufen
singen	sie singt		

Adjektive

1 Setze das richtige Adjektiv ein.

hart | weiß | rot | groß | schwarz | rund

Schnee ist ____________.

Steine sind ____________.

Ein Kreis ist ____________.

Tomaten sind ____________.

Max ist ____________.

Der Rabe ist ____________.

Adjektive sagen, wie Menschen, Tiere, Pflanzen und Dinge sind. Sie werden **kleingeschrieben**.

2 Verbinde die Gegenteile miteinander.

jung | lang | hell | lustig | ängstlich | krank

kurz | alt | klug | mutig | traurig | hässlich

dumm | schön | dunkel | gesund

Adjektive kannst du **verändern**.

3 Schreibe so:

Das Auto ist alt. Das ist ein altes Auto.

Der Tank ist voll. ______________________________

Das Brot ist frisch. ______________________________

Das Ei ist weich. ______________________________

Das Gespenst ist müde. ______________________________

4 Vergleiche.

a) Julias Haare sind länger als Leos Haare.

b) Leos Ohren sind ____________ Julias Ohren.

c) Leos Mund ____________ Julias Mund.

d) Julias Augen sind ____________ Leos Augen.

e) Julias Nase ist ____________ Leos Nase.

5 Schreibe so:

a) Der Apfel ist so grün wie Gras.

Er ist grasgrün.

b) Die Blume ist so gelb wie eine Zitrone.

Sie ist ____________.

c) Die Kante ist so scharf wie ein Messer.

Sie ist ____________.

d) Der Pulli ist so blau wie der Himmel.

Er ist ____________.

Merk's dir!

Mit Adjektiven kannst du **vergleichen**.

Die Wortfamilie

1 Ordne die beiden Wortfamilien.

Baustelle | aufbauen | er fährt | verfahren | umbauen | Neubau | anbauen | Fahrbahn | Fähre | Bau | abfahren | Fuhrwerk | Bauwerk | gefahren

bauen	fahren

2 Kreise bei allen Wörtern von Aufgabe 1 jeweils den Stamm ein.

Merk's dir!

Zu einer **Wortfamilie** gehören alle Wörter mit einem **gemeinsamen Stamm**. Achtung: Dieser Stamm muss aber nicht immer gleich sein (z. B. **Fahr**t, **Fuhr**werk).

3 Schreibe die sechs Wörter zur Wortfamilie *spielen* heraus.

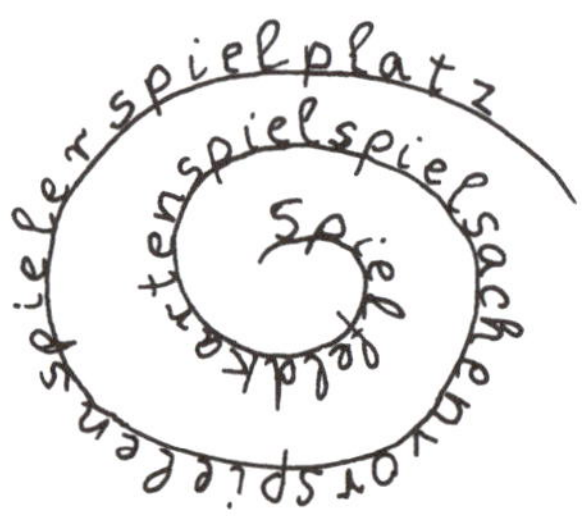

Das Wortfeld

1 Hier sind drei Wortfelder durcheinandergeraten. Kannst du sie ordnen?

trippeln, schauen, starren, rufen, hasten, blicken, gucken, reden, flüstern, murmeln, laufen, hüpfen, plappern, betrachten, rennen, bemerken, eilen, spähen

sehen	sprechen	gehen

Zu einem Wortfeld gehören Wörter, die eine **ähnliche oder gleiche Bedeutung** haben.

2 Suche mindestens drei Wörter zum Wortfeld *regnen*.

____

____

____

Satzarten

1 Ergänze den Punkt am Ende der Sätze.

Das Gespenst saß gestern auf der Kiste

Der Regen prasselt auf das Dach

Eni geht traurig ins Bett

Wir berichten und erzählen in **Aussagesätzen**. Aussagesätze enden mit einem **Punkt**.

2 Ergänze das Fragezeichen am Ende des Satzes.

Wer sitzt auf der Kiste

Wohin geht Eni

Was prasselt auf das Dach

Wann saß das Gespenst auf der Kiste

Wo saß es gestern

Wie geht Eni ins Bett

Wenn wir etwas wissen wollen, fragen wir. **Fragesätze** enden mit einem **Fragezeichen**.

3 Ergänze das Ausrufezeichen am Ende des Satzes.

Bitte, lass das

Komm her

Setz dich

Geh ins Bett

Schreib mir bitte

Gib mir bitte den Stift

Lauf schneller

Für Wünsche, Befehle und Bitten benutzen wir den **Aufforderungssatz**. Aufforderungssätze enden mit einem **Ausrufezeichen**.

4 In der Pause geht es in der 3a sehr wild zu. Alle reden durcheinander. Kannst du die passenden Satzzeichen ergänzen?

Satzglieder

1 Male die einzelnen Satzglieder in verschiedenen Farben an.

Das Flugzeug – landete – pünktlich .

Schnell – gingen – Hanni und Fred – zum Supermarkt .

Auf dem Baum – sitzt – eine Katze .

Ein **Satz** besteht aus mehreren Satzgliedern.
Satzglieder bestehen aus **einem oder mehreren Wörtern**.
Satzglieder kannst du **umstellen**.

2 Stelle die Satzglieder um. Welche sinnvollen Aussagesätze findest du?

Opa Nepomuk | liegt | lange | im Liegestuhl

____

____

____

____

3 Stelle die Sätze so um, dass sie nicht mit *Sie* anfangen.

Lena ist im Garten.

Sie sucht eine Schere im Gartenhäuschen.

Im ______________________________

Sie schneidet einige Blumen mit der Schere ab.

Mit ______________________________

Sie bringt die Blumen schnell ins Haus.

Die ______________________________

Sie stellt diese im Zimmer in eine Vase.

Im ______________________________

Sie zeigt die Vase mit den Blumen ihrer Oma.

Die ______________________________

Für Könner!

4 Bilde Aussagesätze. Es gibt jeweils zwei Möglichkeiten.

____

____

____

____

Texte erschließen und überflüssige Wörter erkennen

1 Lies den Text. Streiche dabei die Wörter durch, die nicht dazugehören.

Schafe

Schafe können nur in Herden leben ~~leicht~~. Sie Auto mögen nicht allein sein. Schafe fliegen folgen einem Leittier. Meistens führt ein Schäfer die Herde stricken an, wobei ihm seine Hunde Kühe helfen. Oft ist auch eine Ziege in der Herde. Beim Grasen stehen sie immer alle in Flugzeug derselben Richtung. Sie stehen dabei mit dem Rücken zum Stirn Wind. Das dichte Fell schützt sie vor Kälte. Schafe geben Schluss uns Milch, Fleisch und Wolle.

In Texten kannst du wichtige Informationen finden. Wenn du diese **Informationen markierst**, findest du sie schnell wieder.

2 Beantworte die Fragen mit *ja* oder *nein*.

a) Leben Schafe immer in Herden? ______

b) Haben Schafe ein Leittier? ______

c) Schützt das Fell vor Wärme? ______

d) Geben die Schafe nur Milch? ______

Für Könner!

3 Markiere oben im Text die Antworten auf diese Fragen farbig.

!

a) Wie leben Schafe?

b) Wer hütet sie?

c) Welche Tiere helfen dem Schäfer?

d) In welcher Richtung stehen die Schafe beim Grasen?

e) Was schützt die Schafe vor Kälte?

f) Was geben die Schafe den Menschen?

Einen Text in die richtige Reihenfolge bringen

1 Nummeriere in der richtigen Reihenfolge.

Wie Getränke mit Kohlensäure gemacht werden

☐ Nun wird sehr kalte Kohlensäure in die Flaschen gepumpt.

☐ In einem Mischtank werden Zucker, Aromastoffe und Wasser gemischt.

☐ Anschließend werden noch die Etiketten auf die Flaschen geklebt.

☐ Zum Schluss werden sie in Kartons verpackt und zu den Geschäften gebracht.

☐ Sofort danach werden die Flaschen mit Deckeln verschlossen.

☐ Diese Mischung wird auf leere Flaschen verteilt, die auf einem Fließband stehen.

Für Könner! **2** Unterstreiche oben die Antworten auf diese Fragen.

a) Aus welchen drei Zusätzen besteht die Getränkemischung?

b) Was wird nach dem Abfüllen der Mischung in die Flaschen gepumpt?

c) Womit werden die Flaschen verschlossen?

d) Was wird außen auf die Flaschen geklebt?

e) Worin werden die vollen Flaschen verpackt?

f) Wohin werden die Flaschen transportiert?

Einen Stadtplan verstehen

1 Schau dir diesen Ausschnitt aus dem Stadtplan von Schönlich an. Kannst du die Fragen beantworten?

Legende:
1 Dom
2 Museum
3 Rathaus
4 Alter Turm
5 Marienkirche
6 Kloster
7 Kapelle
8 Bahnhof

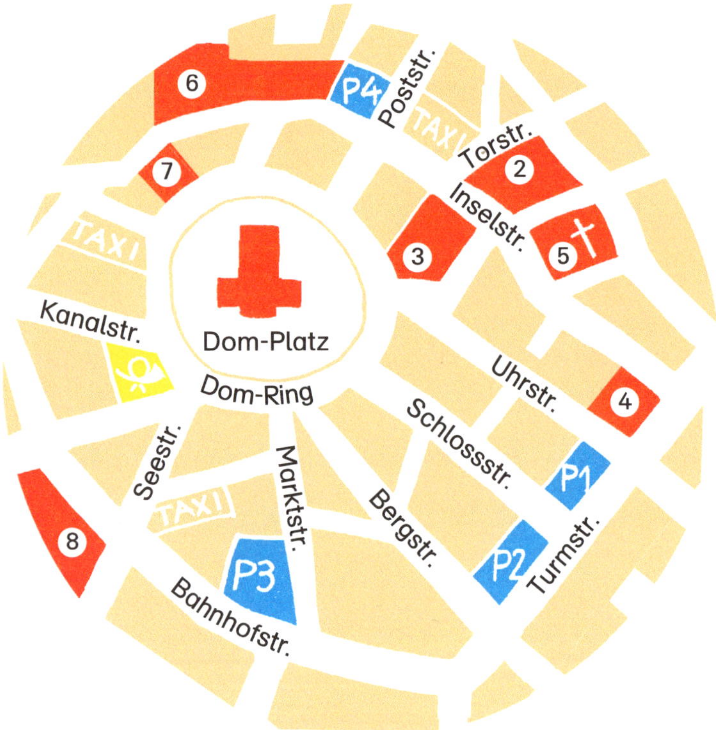

a) Was gibt es bei 2 zu sehen? ____________________

b) Wie heißt die Straße, die um den Dom-Platz läuft? ____________________

c) Wie viele Taxi-Stände entdeckst du? ____________________

d) Wie viele Parkplätze siehst du? ____________________

e) Bei welcher Nummer findest du den Bahnhof? ____________________

2 Kai geht von der Kanalstraße nach rechts den Dom-Ring entlang. Von dort biegt er in die Schlossstraße und geht bis zur Turmstraße. Dort biegt er nach links. Er überquert die Uhrstraße und geht zu Nr. 4.

a) Was besichtigt er dort? ____________________

b) Zeichne die Strecke mit einem Rotstift ein.

Fragen an einen Sachtext stellen

1 Lies den Text.

Die Butter
Seit Jahrtausenden züchten und halten Menschen Tiere, z.B. Kühe. So können sie Milch trinken und Butter und Käse essen. Käse wird aus der geronnenen Milch und die Butter wird aus dem Rahm der Milch hergestellt. Dieser Rahm wird auch Sahne genannt. Um 1 Kilo Butter zu machen ist die Sahne von 20 Litern Milch nötig. Früher wurde Butter von Hand hergestellt. Heute machen Maschinen diese Arbeit. Du kannst Butter in rechteckigen Formen im Supermarkt kaufen. Sie ist ein Energiespender. Da sie sehr viel Vitamin A enthält, ist sie wichtig für das Wachstum.

2 Ergänze die passenden Fragepronomen in diesen W-Fragen (*Was, Wer, Warum, Wie*).

a) ______________ züchtet seit Jahrhunderten Vieh?

b) ______________ können die Menschen trinken?

c) ______________ wurde die Butter früher hergestellt?

d) ______________ ist Butter wichtig für das Wachstum?

Du kannst den Inhalt eines Textes besser verstehen und behalten, wenn du *W*-Fragen an ihn stellst.

3 Unterstreiche die Antworten auf diese Fragen oben im Text.

Für Könner! **4** Stelle selbst drei Fragen an diesen Text.

____

____

____

Die Bestandteile einer Erzählung

Gestern Morgen wollte ich im Wohnzimmer mit Hansi, unserem Wellensittich, spielen.
Ich machte die Käfigtür auf und lockte ihn. Aber Hansi wollte nicht herauskommen. Da klingelte es an der Haustür. „Das ist bestimmt Vera“, dachte ich und lief zur Tür. „Komm herein! Wir können mit Hansi spielen“, sagte ich. In diesem Augenblick fiel mir das Wohnzimmerfenster ein. O Schreck! Schnell lief ich zurück. Da saß er auf der Fensterbank. Mir stockte der Atem. Aber dann sah ich, dass das Fenster geschlossen war.

1 Wie mag die Geschichte weitergehen?
Ergänze ein oder zwei Schlusssätze.

Eine Erzählung besteht aus **Einleitung**, **Hauptteil** und **Schluss**.

2 Beantworte die Fragen mit Hilfe der Einleitung.

a) Wo spielt die Geschichte?

b) Wann spielt sie?

c) Wer ist beteiligt?

3 Kreise die Einleitung rot, den Hauptteil blau und den Schluss gelb ein.

4 Ergänze in Aufgabe 1 eine der folgenden Überschriften.
Du kannst auch selbst eine erfinden.

Die offene Käfigtür

Noch einmal gut gegangen

So ein Schlingel

So ein Glück

Davongeflogen

Erzählungen haben eine **Überschrift**.
Die Überschrift soll **neugierig** machen,
aber nicht alles verraten.

5 Ergänze jeweils den zweiten Satzteil.

die neugierig macht

spannendste Augenblick

kurz sein

Einleitung, Hauptteil und Schluss

So erzähle ich ein Erlebnis:

a) Ich suche eine Überschrift, ______________________________.

b) Ich denke an die drei Teile: ______________________________

____

c) Einleitung und Schluss müssen ______________________________.

d) Im Hauptteil befindet sich der Höhepunkt. Das ist der ______________

______________________________ der Geschichte.

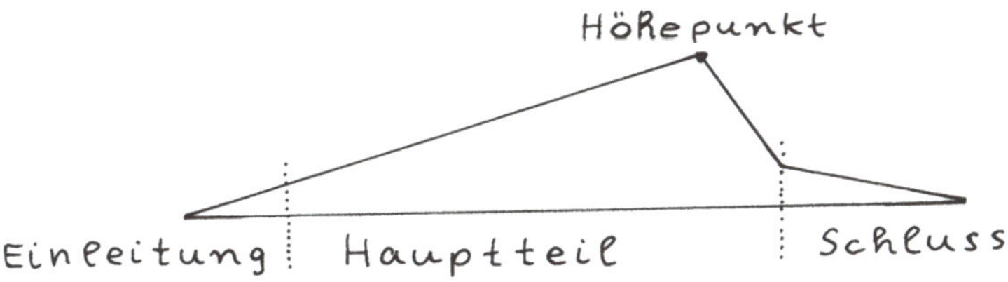

Die Bildgeschichte – den Höhepunkt ergänzen

1 Ergänze das dritte Bild.

2 Hier fehlt der aufregendste Teil der Geschichte.
Erzähle, was passiert sein könnte.

In den Ferien fuhren Kai und Farida in einem Ruderboot auf den See hinaus.
Sie freuten sich, denn sie kamen schnell voran. Sie wollten zu einer kleinen Insel fahren und dort ein Picknick machen. Gerade wollte Farida ihrem Freund ein großes Schiff zeigen, als ...

Eine Stunde später saßen sie in dicke Decken gehüllt in ihrer Ferienwohnung. Da hatten die beiden noch einmal Glück gehabt!

3 Gib der Geschichte eine Überschrift.

Hier ist Ninos Geschichte zu diesen Bildern.

4 Kreise den Hauptteil rot ein.

Gefährlicher Ausflug

Hanna und Heiner sitzen an einem sonnigen Nachmittag im Ruderboot.
„Rudern ist einfach toll!“, ruft Heiner. „Ich könnte auch ewig so rudern“, lacht Hanna. „Schau mal, da drüben ist ein großes Schiff!“, ruft sie gleich darauf. Als Heiner nach dem Schiff schaut, verliert er ein Ruder. Schnell versucht er es wiederzuholen. Dabei verliert er auch das zweite Ruder. Hanna schreit vor Angst und will ihm helfen. Dabei neigt sich aber das Boot zu einer Seite und kippt um. Die beiden fallen ins Wasser.
Zum Glück sieht sie der Steuermann des großen Schiffes. Schon bald werden sie gerettet und schnell nach Hause gebracht.

5 Unterstreiche die spannendsten Sätze im Hauptteil.

6 Beantworte mit *ja* oder *nein*.

a) Hat die Geschichte eine gute Einleitung? ____________

b) Ist sie spannend erzählt? ____________

c) Spürst du die Angst der Kinder? ____________

d) Gebraucht Nino verschiedene Verben? ____________

e) Verwendet er die wörtliche Rede? ____________

f) Verwendet er immer dieselben Satzanfänge? ____________

g) Findest du Ninos Geschichte gut? ____________

Der **Hauptteil** führt zum **Höhepunkt** hin.
Das ist die spannendste Stelle der Erzählung.
Dann leitest du zum Schluss über.

Eine Erzählung begutachten und fertig stellen

1 Gib der Geschichte eine Überschrift.

____

In den Ferien besuchten Felix und Nele das Burgmuseum. Sie betrachteten alles ganz genau. Nach zwei Stunden hatten sie alles gesehen. „Halt! Da ist ja noch eine Tapetentür!“, rief Felix und öffnete sie vorsichtig. „In dem winzigen Raum steht ja nur eine kleine Kiste!“, meinte Nele enttäuscht. Aber schon sprang Felix hin und öffnete sie. Nele blieb ängstlich an der offenen Tür stehen. Neugierig reckte sie den Hals. Felix hob den Deckel hoch. Hui, da sprang mit lautem Gekreische ein weißes Gespenst heraus. „Hilfe, Hilfe!“, schrie Felix und rannte zur Tür. Als er zurückschaute, las er auf dem Gespensterkleid: „Überraschung für neugierige Besucher“.
Da mussten beide lachen. So ein Gespenst wollten sie zu Hause auch basteln.

2 Beantworte die Fragen mit *ja* oder *nein*.

a) Stehen hier immer dieselben Verben? ____________

b) Werden treffende Adjektive gebraucht? ____________

c) Wird die wörtliche Rede verwendet? ____________

d) Hat die Geschichte Einleitung und Schluss? ____________

e) Sind die Satzanfänge immer gleich? ____________

3 Zeichne dazu eine Bildgeschichte.

So schreibst du eine **gute Erzählung**:
- Denke an Einleitung, Hauptteil, Schluss.
- Gebrauche Fragen und Ausrufe.
- Verwende die wörtliche Rede.
- Gebrauche treffende Ausdrücke.
- Vermeide gleiche Satzanfänge.

4 Hier fehlen Anfang und Ende der Geschichte. Ergänze sie.

„Hier ist ja ein Geheimgang!“, flüstert Emily und geht ein paar Schritte hinein. Florian folgt ängstlich. Es tropft von den Wänden, und es riecht feucht. Ihre Schritte klingen hohl. Die beiden frieren.

Da hören sie

Beobachtungen festhalten

Seit einigen Tagen beobachten Alex und Mara das Wetter.

1 Lies, was Mara dazu aufgeschrieben hat:

Am **Montag** hat es geregnet. Es war sehr windig. Die Temperatur betrug 20° C (Grad Celsius).

Am **Dienstag** gab es keine Wolken. Die Sonne schien. Es war 25° C warm und der Wind war sehr schwach.

Am **Mittwoch** gab es mehrere Gewitter. Wir hatten danach 18° C und heftigen Wind.

Am **Donnerstag** wehte immer noch ein heftiger Wind und es regnete. Wir hatten nur 15° C.

Am **Freitag** war kein Wind. Die Sonne strahlte. Es waren fast 25° C.

2 Alex legt eine Tabelle dazu an. Zeichne die Tabelle zu Ende. Die Bilder ganz unten helfen dir dabei.

	Wolken	Temperatur	Wind
Mo		20° C	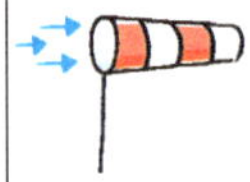
Di			
Mi			
Do			
Fr			

sehr windig

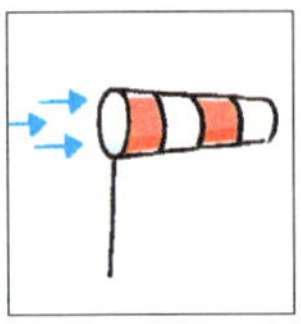

schwach windig

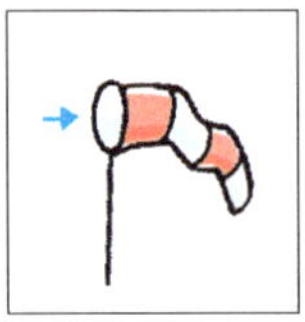

kein Wind

wolkig

sonnig

Regen

Gewitter

teils sonnig/teils wolkig

Bericht erstatten

Gegen Baum gefahren

Am Dienstag um 7.45 Uhr überquerte Marlon auf der Berliner Straße die Fahrbahn, um seinen Freund Florian zu überraschen. Dabei übersah er einen roten Personenwagen, der sich von links näherte. Der Fahrer bremste und versuchte auszuweichen. Dabei fuhr er gegen einen Baum. Marlon und der Fahrer kamen mit dem Schrecken davon, aber der Wagen wurde ziemlich beschädigt.

1 Lies den Unfallbericht sorgfältig durch, und beantworte folgende Fragen im Heft.

a) **Wann** fand der Unfall statt?

b) **Wo** fand er statt?

c) **Wer** war beteiligt?

d) **Wie** kam es zu dem Unfall?

e) **Welche Folgen** hatte der Unfall?

Ein guter Bericht gibt Antwort auf diese **fünf Fragen: Wann? Wo? Wer? Wie? Welche Folgen?** Eigene Gedanken und Gefühle gehören nicht hinein.

2 Streiche in Michaels Bericht die drei Sätze durch, die dort nicht hineingehören.

Am Mittwoch bog gegen 8.00 Uhr ein Autofahrer mit seinem PKW von der Maistraße in die Mozartstraße. Dort spiele ich immer besonders gern. Dabei übersah er einen jungen Mann, der ihm auf der Maistraße auf einem Moped entgegenkam. Ich fand, dass sein grasgrüner Helm sehr hübsch aussah. Es kam zu einem Zusammenstoß. Moped und Auto wurden stark beschädigt. Der Mopedfahrer wurde verletzt und musste ins Krankenhaus gebracht werden. Er tat mir sehr leid.

Briefe schreiben

Mona beschließt, ihrer Oma in einem Brief von einem Klassenausflug zu erzählen.

essen
machen
wandern
lernen
rasten
dürfen
fahren
freuen
springen

1 Setze die Verben in der 1. Vergangenheit in den Brief ein.

Mona Herten
Bankstr. 4
40477 Düsseldorf

Düsseldorf, den 02.06.2012

Liebe Oma!

Gestern machte ich mit meiner Klasse einen schönen Ausflug.
Wir ________________ mit unserer Lehrerin Frau Keppler durch einen herrlichen Kiefernwald. Dort ________________ wir viel über Bäume und Vögel. Plötzlich ________________ zwei Rehe über den Weg. Darüber ________________ wir uns alle sehr. Später ________________ wir auf einer Waldwiese. Dort ________________ wir spielen. Zum Schluss ________________ wir unsere Brote. Nach dem Essen ________________ wir mit einem Bus nach Hause.

Ich hoffe, es geht dir gut. Komm uns bald wieder besuchen.

Sei herzlichst gegrüßt,

deine Mona

2 Kreise Absender, Datum, Anrede, Gruß und Unterschrift rot ein.

3 Kreise den eigentlichen Brieftext in Monas Brief blau ein.

4 Schreibe die sechs Teile auf, aus denen ein Brief oder eine Postkarte besteht.

a) Abs ______
b) D ______
c) ______
d) ______
e) ______
f) ______

5 Schreibe Monas Anschrift als Absender auf diese Postkarte. Erfinde eine Adresse für Monas Oma.

6 Zeichne oder klebe eine Briefmarke darauf.

Absender:

______
Name

______
Straße Hausnummer

______ ______
Postleitzahl Ort

Empfänger:

______
Name

______
Straße Hausnummer

______ ______
Postleitzahl Bestimmungsort

Einladungen schreiben

Merk's dir!

Auch Einladungen bestehen aus den **sechs Briefteilen**: Absender, Datum, Anrede, Text, Abschlussgruß, Unterschrift.

1 Ergänze die fehlenden Teile bei dieser Einladung.

____

____

____

____

____

Hiermit lade ich dich herzlich zu meiner Geburtstagsfeier am 24.2.2012 um 15 Uhr ein. Sie findet hier in unserer Wohnung statt und endet um 18 Uhr. Ich freue mich, wenn du kommst.

Liebe Grüße, ______________

2 Beantworte die Fragen.

a) **Wozu** wird eingeladen? ______________________

b) **Wo** findet die Feier statt? ______________________

c) **Wann** ist die Feier? (Tag und Uhrzeit) ______________________

Merk's dir!

Eine Einladung muss diese drei Fragen (**Wozu? Wo? Wann?**) genau beantworten.

Ein Gespräch in einer Tabelle zusammenfassen

In der letzten Stunde wurde in der 3a über Berufe gesprochen.

1 Lies die Aussagen der Kinder und unterstreiche jeweils den ausgesuchten Beruf.

Lena: „Ich möchte Tierärztin auf dem Land werden, denn ich mag Tiere unendlich gerne.“

Daniel: „Ich koche am liebsten. Keiner kocht so gut wie ich. Ich werde auf jeden Fall Koch.“

Laura: „Ich singe so gerne. Deswegen werde ich Sängerin. Vielleicht sogar im Opernhaus wie meine Mutter.“

Anna: „Ich werde Astronautin. Ich will das Universum kennenlernen. Vielleicht entdecke ich da was ganz Neues!“

Lukas: „Ich finde gute Frisuren toll. Ich werde bestimmt der beste Friseur auf der ganzen Welt.“

Simon: „Ich werde entweder Bäcker oder Maurer. Beides finde ich spannend. Vielleicht mache ich erst das eine, dann das andere. Das geht bestimmt auch.“

Sina: „Ich weiß noch nicht, was ich mal werden möchte.“

2 Ergänze die Tabelle.

Namen	Berufe
Lena	Tierärztin

Wenn du einen Text als **Stichworte** in eine Tabelle schreibst, kannst du ihn besser behalten.

Nomen, Satzanfänge, Tageszeiten

Umgezogen

Gerade wurde der letzte Stuhl hereingetragen. Der Umzug war beendet. Zum Glück war er heute Morgen schnell und problemlos abgelaufen. Glücklich schaute sich die Familie Piper in ihrem neuen Haus um. Der Abschied aus der engen alten Wohnung war nicht schwer gefallen. In dieser neuen Umgebung fühlten sich auch Lisa und Mark viel wohler. Morgen Nachmittag würden sie Pläne für die Bepflanzung des riesigen Gartens machen. Sie wollten Blumen, Sträucher und Bäume pflanzen. Und vielleicht würde dort sogar bald ein Hund herumlaufen. Das wäre besonders schön!

1 Unterstreiche oben im Text alle Wörter, die großgeschrieben sind.

2 Schreibe ins Heft, welche Arten von Wörtern im Text großgeschrieben sind. Die Silben nebenan helfen dir.

an | Satz | Na | No | ge | fän | men

Großgeschrieben werden immer

alle ____________ und

alle ____________.

Tageszeiten werden nach den Wörtern *heute, gestern, vorgestern, morgen, übermorgen* großgeschrieben.

3 Schreibe die beiden Tageszeiten aus dem Text heraus.

heute ____________

morgen ____________

4 Schreibe die vier Nomen, die im Text im Plural stehen, heraus. Dann schreibe sie im Singular mit Artikel auf.

_______________ – _______________________

_______________ – _______________________

_______________ – _______________________

_______________ – _______________________

5 Kreise die Nomen ein, und schreibe sie dem Alphabet nach auf.

schiffdarferbuntlinealgehenzaunkommenkoffersprechenfreudeschachtelgrünbauer

6 Schreibe den Text richtig auf.

alle freuen sich über das neue haus und die netten nachbarn. übermorgen abend wollen sie mit allen nachbarn den einzug feiern. lisa und mark freuen sich sehr.

Pronomen

1 Schreibe die Pronomen heraus.

ich mein euch dir Blume Haus ihr Kinder er Garten du es sie dein dich wir Buch Baby gehen Wiese uns

____

Pronomen werden immer **kleingeschrieben,** obwohl sie anstelle von Nomen stehen. Die **Anredepronomen** an vertraute Personen in Briefen kannst du **klein- oder großschreiben** *(du/Du, dir/Dir, dein/Dein, ihr/Ihr, euch/Euch).* Großgeschrieben werden dagegen in Briefen die Pronomen für Personen, zu denen du „Sie" sagst *(Sie, Ihre).*

2 Ergänze die fehlenden Anredepronomen in dem Brief (dich / Dich, deine / Deine, du / Du, dir / Dir, du / Du).

> Liebe Luisa!
>
> Es wird Zeit, dass ich ________ schreibe. Hoffentlich hast ________ mich noch nicht vergessen. Ich vermisse ________ sehr und hoffe, dass ________ mich bald besuchen wirst.
>
> Viele liebe Grüße,
>
> ________ Anne

3 Ergänze die Pronomen auch in diesem Brief (Ihnen, Ihnen, Ihre, Ihrer, Sie).

> Liebe Frau Prinz!
>
> Schade, dass ich ________ nun nicht mehr sehe. Wie geht es ________ und ________ kleinen Tochter? In diesem Brief schicke ich ________ ein Foto von mir.
>
> Alles Gute,
>
> ________ Anne

Wörter mit dem ks-Laut

1 Hier findest du sogar viermal den gleichen Laut unterschiedlich geschrieben. Ordne die Wörter richtig ein.

Alexandra   wachsen   Keks   Lachs   Wachs   Nixe   Klecks   Eidechse   Koks   boxen   sechs   Axt   Ochse   links   fix   Knicks   Dachs   Hexe   Fuchs   Felix   Max   Achsel

chs	cks	ks	x

2 Löse das Rätsel.

1. Werkzeug
2. Ein Plätzchen
3. Ein listiges Tier
4. Ein Tintenfleck
5. Ein kleines Echsentier
6. Jungenname
7. Die Wohnung des Dachses
8. Größer werden
9. König und Königin begrüßt man mit ...
10. Gegenteil von rechts
11. Wasserfee
12. Jungenname

1		X							
2	K		K	S					
3			C	H	S				
4	K			C	K	S			
5		I			C	H	S		
6	A			X					
7			C	H	S	B			
8	W		C	H	S				
9		N		C	K	S			
10	L			K	S				
11			X						
12	M		X						

Wörter mit verschiedenen Dehnungsarten

Endlich Ferien!

Langsam legt die Fähre im Hafen der Insel Langeoog an. Zwei Stunden hatte die Fahrt über das Meer gedauert. Neugierig kommen die Gäste an Land. Lena und Max Moser sind glücklich. Zwei Wochen lang ist keine Schule. Zwei Wochen lang dürfen sie tun, wozu sie Lust haben: durch die Dünen spazieren, Burgen bauen, Tiere beobachten, Blumen und Gräser malen, Sonnenuntergänge bewundern, am Strand spielen, mit dem Boot fahren oder es sich im Liegestuhl bequem machen und Tee oder Limo trinken. Das wird bestimmt eine schöne Zeit!

1 Kennzeichne die langen Vokale mit einem Strich darunter.

2 Ordne die Wörter mit den langen Vokalen richtig ein.

a) **Unbezeichnete Dehnung**
(mindestens fünf Wörter aus dem Text)

langsam, Ferien, ____________

b) **Dehnungs-h**
(mindestens drei Wörter aus dem Text)

Fähre, ____________

c) **Verdoppelung der Vokale**
(mindestens vier Wörter aus dem Text)

Langeoog, ____________

d) **mit -e**
(mindestens vier Wörter aus dem Text)

sie, ____________

3 Schreibe auch diese Wörter dazu.

Urwald, Beet, Gemälde, viel, Märchen, gießen, Bühne, Ohr, Zoo, Uhrzeiger, Waage

Die **doppelten Vokale** *aa, ee, oo* und die Doppellaute *au, äu, ai, ei, eu* werden **lang** gesprochen. Sie gelten als ein Laut und dürfen nicht getrennt werden.

4 Löse dieses Rätsel mit den *aa-, ee-, oo*-Wörtern.

1. Es wächst auf deinem Kopf.
2. Es fällt im Winter.
3. Kleines Schiff
4. Kleine Früchte
5. Märchenfigur
6. Gegenteil von voll
7. Getränk
8. Blumen pflanzt man in ein ...

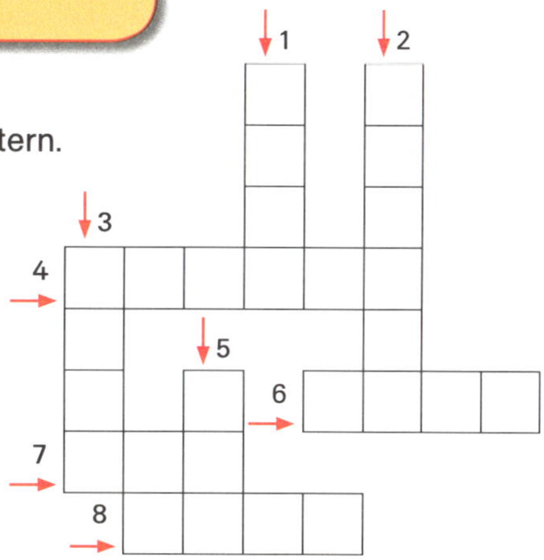

Fast alle Wörter mit *äu* haben Verwandte mit *au* (Mäuse – Maus). Zu den wenigen Ausnahmen gehören *Säule, Knäuel, sich sträuben.*
Die verwandten Wörter mit *eu* haben immer ein eu (freundlich – Freund).

5 Verbinde die verwandten Wörter.

feurig	bäuerlich	säubern	feucht	Häuschen
anfeuchten	Feuer	Haus	Bauer	sauber

6 Welche Wörter verstecken sich hier?

mainzhaimaismaikailaie

a) eine Getreideart ________

b) ein Nichtfachmann ________

c) der 5. Monat im Jahr ________

d) eine Hafenmauer ________

e) eine Fischart ________

f) eine Stadt am Main ________

Wörter mit ß oder ss

1 Ordne die folgenden Wörter.

fressenstraßegassegraswassergroßschlossfußmüssenglasgrußschlussgießentasseweißhausnasslosstraußspaß

s	ß	ss
Gras, ______	Straße, ______	fressen, ______
______	______	______
______	______	______
______	______	______
______	______	______

2 Bilde den Plural.

Fuß – ______ Gruß – ______

Nuss– ______ Stoß – ______

Floß – ______ Fass – ______

Pass– ______

Schloss – ______

Schuss – ______

Für das stimmlose *s* steht nach kurzem Vokal immer *ss*. Nach langem Vokal und nach Doppellauten steht *ß*.

3 Hier sind Wörter mit *ß* und *ss* in einer Wortfamilie. Ergänze *ß* oder *ss*.

wissen – ich wei___, sie wei___, er wu___te, Gewi___en

schließen – ihr schlie___t, sie schlo___, das Schlo___

lassen – du lä___t, sie lie___, gela___en

beißen – sie bei___t, er bi___, das Gebi___

fließen – es flie___t, es flo___, der Flu___

Folgt auf *s*, *ss* oder *ß* eines Verbs die Endung *st* der 2. Person, lässt man das *s* weg (lassen – du lässt, gießen – du gießt).

4 Bilde die 2. Person Singular.

reisen – du ______________ wissen – du ______________
vergessen – ______________ hassen – ______________
reißen – ______________ gießen – ______________
blasen – ______________ messen – ______________

5 Ergänze den Artikel *das* oder das Bindewort *dass.*

Ich hoffe, ________ du morgen kommst.
Es ist klar, ________ es heute regnen wird.
Ich kenne ________ Mädchen aus der 4a.
Es ist erstaunlich, ________ du ________ Haus so schnell gefunden hast.
Ich glaube, ________ du
________ Buch schon kennst.

Nicht verwechseln:
Das Bindewort *dass* wird mit *ss* geschrieben, der Begleiter *das* nur mit *s*.

Für Könner!

6 Ergänze *s*, *ß* oder *ss*.

Hochwa___er an der Mosel!

„Die Stra___en und Ga___en stehen wieder einmal unter Wa___er. Die Fenster im Erdgescho___ sind mit Brettern und Sandsäcken fe___t verschlo___en. So kann da___ schmutzige Wa___er aus dem Flu___ vorbeiflie___en und unsere Wohnungen werden nicht na___. Manchen Leuten macht das Hochwa___er Spa___. Sie fahren mit Flö___en über die überschwemmten Wie___en oder sehen lachend zu, wie wir un___ere Häu___er vor dem Wa___er schützen. Wahrscheinlich wi___en sie nicht, wie schwierig das alle___ für un___ ist", seufzt Julian.

Wörter mit b, d, g und p, t, k im Auslaut

1 Wie heißt die Grundform?

Zwerge –	______	wilder –	______	stärker –	______
bunter –	______	Winde –	______	Hefte –	______
Räder –	______	breiter –	______	ärger –	______

Wenn du nicht weißt, ob ein Wort auf *b*, *d*, *g* oder *p*, *t*, *k* endet, dann verlängere es.

Bei Nomen bildest du den Plural (Berg – Ber**ge**), bei Adjektiven die 1. Vergleichsstufe (lustig – lusti**ger**) und bei Verben den Infinitiv (gib!, gibt – ge**ben**).

2 Setze in den Plural und ergänze den fehlenden Buchstaben.

Bur__ –	______	Die__ –	______	Ban__ –	______
Wal__ –	______	Schran__ –	______	Hu__ –	______

3 Ordne die Nomen im Singular aus Aufgabe 1 und 2 dem Alphabet nach.

____

____

____

4 Ergänze die dritte Person Singular.

schreiben	– er ______
gehen	– es ______
halten	– er ______
spielen	– es ______

Die Verben enden in der dritten Personalform immer auf *t* (er geh**t**).

5 Schreibe die 1. Vergleichsstufe. Dann ergänze die fehlenden Buchstaben.

schlan__ – ____________________

har__ – ____________________

plum__ – ____________________

schwieri__ – ____________________

der__ – ____________________

wil__ – ____________________

6 Setze hier *seid* oder *seit* ein.

O je, ihr ________ sicher müde nach der langen Fahrt.
Hallo, ________ ihr da? Wie alt ________ ihr? Otti ist ________ Mittwoch im Krankenhaus. Wo ________ ihr jetzt? Ich bin ________ zwei Wochen am Meer. Ihr ________ wirklich klug!

7 Kreise den Wortstamm *end* ein.

beenden unendlich enden Endhaltestelle Endlauf endlos

Wörter mit dem Wortstamm *end*
sind alle mit dem Wort Ende verwandt.
Die Betonung liegt immer auf diesem *end*.

Für Könner! **8** Ergänze *end* oder *ent*.

Die Arbeit ist be_____et. Er starrte _____setzt auf den Verunglückten.
Der Film _____ete ganz plötzlich. Die Gazelle _____kam dem hungrigen Löwen. Das Universum ist wohl un_____lich. Die Feier fällt nun _____gültig aus. Jan ging am Fluss _____lang. Nora legt _____täuscht das Buch zur Seite.

Nomen für Lebewesen, Dinge und gedachte Dinge

Leon und sein Vater schlendern durch eine große Stadt in Marokko. Sie laufen durch viele enge Gassen. Schließlich erreichen sie einen kleinen Marktplatz. Es duftet nach Blüten, Früchten und Gewürzen. Kunstvoll aufgeschichtete Apfelsinen, Aprikosen, Datteln und Feigen können gekauft werden. Ein schwer beladener Esel sucht sich seinen Weg. Kleine Jungen drängeln sich mit Kisten auf den Köpfen durch die Menschenmenge. Leon ist zutiefst beeindruckt von den Geräuschen, den Düften und dem unglaublichen Gedränge.

1 Unterstreiche im Text die Nomen im Singular grün, die Nomen im Plural rot.

Nomen sind Namen für **Lebewesen** und **Dinge**. Sie werden immer **großgeschrieben**.

2 Schreibe zehn der Nomen im Singular mit dem Artikel auf.

der Vater, ______________________________

____

____

Alle Nomen können mit einem **bestimmten** *(der, die, das)* oder **unbestimmten** *(ein, eine, ein)* **Artikel** stehen. Im Plural heißt der Artikel *die*.

3 Ergänze den Artikel. Dann bilde den Plural.

das	Haus	–	die Häuser	____	Pferd	–	____
____	Schloss	–	____	____	Birne	–	____
____	Gans	–	____	____	Tisch	–	____
____	Dose	–	____	____	Delfin	–	____
____	Schuh	–	____	____	Apfel	–	____

4 Kreise die Nomen ein, die für gedachte Dinge (Eigenschaften, Gedanken, Gefühle) stehen.

Trotz Wiese Angst

Freude Glück Stock Pony Dummheit

Bleistift Klugheit Taste Frechheit Lampe Blume Dach

Schirm Maus Wolke Hoffnung Hund Computer Liebe

Nicht nur Menschen, Tiere und Dinge haben Namen, sondern auch **gedachte Dinge** (z. B. Eigenschaften, Gedanken und Gefühle).

5 Schreibe die neun Nomen für die gedachten Dinge hier mit ihrem Artikel auf.

das Glück, ______________________________

____

____

Für Könner!

6 Im Kaufhaus kannst du noch vieles mehr bekommen. Suche dieses Mal die passenden Sammelnamen zu den Sachen.

a) ____________ Hammer, Zange, Bohrer, Säge

b) ____________ Puppen, Bausteine, Puzzles, Stofftiere

c) ____________ Kleider, Schals, Hosen, Blusen

d) ____________ Ohrringe, Ketten, Ringe

e) ____________ Bleistifte, Hefte, Blöcke, Füllhalter

Die vier Fälle

Nomen stehen immer in einem der **vier Fälle**.

Diese heißen:

1. Fall	= **Wer**-Fall	**Paul** läuft durch den Park.
2. Fall	= **Wessen**-Fall	**Pauls** Hund ist auch dabei.
3. Fall	= **Wem**-Fall	Paul gibt **dem Hund** einen Stock.
4. Fall	= **Wen**-Fall	Paul trifft **seine Freunde**.

1 Unterstreiche in den Sätzen die Satzglieder, die Antwort auf die Frage geben.

Wer geht heute ins Theater?	Felix und Lena gehen heute ins Theater.
Wer bereitet die Segeljolle vor?	Laura und Lucca bereiten die Segeljolle vor.
Wer kontrolliert die Hausaufgaben?	Herr Meier kontrolliert die Hausaufgaben.

In welchem Fall stehen die unterstrichenen Satzglieder?

Sie stehen alle im _______________.

2 Stelle Fragen nach den hier unterstrichenen Satzgliedern. Vorsicht, es ist nicht immer derselbe Fall.

a) Gestern ging <u>Lillis</u> Bruder ins Kino.	Wessen Bruder ging gestern ins Kino?
b) <u>Vater</u> putzt sein Motorrad.	______________________________
c) Eben hat Jan <u>Vaters</u> Brille gefunden.	______________________________
d) <u>TIm</u> deckt den Tisch.	______________________________
e) <u>Der kleine Junge</u> lief davon.	______________________________
f) Im Hof lag <u>Annas</u> Roller.	______________________________
g) Die Zähne <u>des Hais</u> sind spitz.	______________________________

3 Frage nach dem unterstrichenen Satzglied.

a) Kevin und Louis geben ihrem Freund eine CD.

____

b) Clara schreibt der Oma einen langen Brief.

____

c) Vera half dem alten Mann in die Straßenbahn.

____

Für Könner!

4 Markiere die Satzglieder im 3. Fall blau, die Satzglieder im 4. Fall rot. Du findest sie durch Erfragen.

!

a) Onkel Paul schenkt seinem Neffen ein Fahrrad.

b) Die Lehrerin gab den besten Schülern eine Eins.

c) Der Polizist brachte sie nach Hause.

d) Der Maler zeigte dem Kunden seine Lieblingsbilder.

e) Der alte Herr erklärte ihnen den Weg.

f) Der alten Dame half Julian gerne.

Der Artikel vor dem Nomen verändert sich je nach Fall ebenfalls.

5 Ergänze den passenden Artikel.

a) Der Jäger beobachtete _______ kranken Fuchs

b) Der Kellner dankte _______ Gast für das Trinkgeld.

c) Der Lastwagenfahrer prüfte _______ Luftdruck _______ Räder.

d) _______ Pilze sammelte _______ Familie Schnock gestern.

e) Florian hilft _______ Opa im Garten.

f) Julian zeigt _______ Freunden _______ Versteck.

Verben

Ferienpläne!

„Juchhu, endlich Ferien!“, ruft Mika. „Jetzt kann ich schwimmen, rudern, reiten und lesen, wann ich will. Drei Wochen lang keine Schulaufgaben, keine Schule.“ „Gleich morgen spiele ich mit Peter im Garten, klettere auf die Bäume und spaziere mit Bello durch die Felder“, freut sich Anna und Michael beschließt zu basteln, zu zaubern, zu backen und zu boxen. „Wenn es regnet, werde ich fernsehen, malen oder schlafen“, lacht Mika.

1 Unterstreiche alle Verben.

2 Wähle zehn Verben aus dem Text oben aus, und schreibe sie in der Grundform hier auf.

____

____

Verben stehen entweder in der **Grundform** oder in der **Personalform**. Die Personalformen sind verschieden. Verben sagen dir, **was jemand tut** oder was geschieht (Ich lese. Es donnert.). Verben schreibst du klein.

3 Ergänze die fehlenden Personalformen.

		schreiben	**laufen**	**essen**	**schwimmen**
Singular	ich	schreibe	laufe	______	______
	du	______	läufst	______	schwimmst
	er, sie, es	schreibt	______	isst	______
Plural	wir	______	______	essen	______
	ihr	______	lauft	______	______
	sie	schreiben	______	______	______

Verben sagen uns auch, **wann etwas getan wird** oder geschieht. Ereignisse können in der Vergangenheit, der Gegenwart oder der Zukunft liegen.

4 Setze die Verben in die drei Zeitformen.

Grundform	Präsens	Imperfekt	Futur
laufen	ich laufe	ich lief	ich werde laufen
malen			
wandern			
schlafen			

5 Bilde auch die weitere Zeitform.

Grundform	Perfekt
laufen	ich bin gelaufen
malen	ich habe
wandern	
schlafen	

Für Könner!

6 In welcher Zeitform stehen die Verben? Schreibe den Namen der Zeitform daneben.

Das Perfekt bildest du mit *haben* oder *sein*, das Futur mit *werden*.

a) ich habe geschrieben

b) du hast geschrieben

c) sie lief

d) er wird verreisen

e) ich weiß

Adjektive

„Endlich ist das Wetter wieder schön und sonnig“, strahlt Frau Riedel. „Das ist gut“, stimmt Herr Schulz zu. „Nun können wir wieder einen blauen Himmel mit kleinen weißen Wolken sehen. Ich bin froh, dass die trüben Wochen mit dicken Wolken und dichtem grauem Nebel vorüber sind.“ „Nächste Woche soll es jedoch heftige Stürme und schwere Gewitter geben“, erklärt Frau Riedel. „Aber heute genießen wir trotzdem erst einmal das herrliche warme Wetter.“

1 Unterstreiche oben die Adjektive.

Adjektive beschreiben die **Eigenschaften** von Lebewesen und Dingen. Du schreibst sie **klein**. Adjektive **verändern ihre Form**, wenn sie bei einem Nomen stehen (leicht – die leicht**e** Feder).

2 Wie sind die Dinge?
Ergänze das Adjektiv.

hell klein blau süß schnell leicht spitz gelb

Eine Feder ist ______.	Das Stroh ist ______.
Der Himmel ist ______.	Der Honig ist ______.
Die Rakete ist ______.	Baby Floh ist ______.
Die Sonne ist ______.	Eine Nadel ist ______.

3 Schreibe so: eine leichte Feder, das gelbe Stroh, ...

____

____

____

4 Steigere die Adjektive.

dick

dicker

am dicksten

Grundstufe	1. Vergleichsstufe	2. Vergleichsstufe
alt		
klug		
wild		
eng		

Adjektive können gesteigert werden. So kannst du besser unterscheiden und vergleichen.

5 Vergleiche mit *als* (groß, spitz, dick, hoch).

Timo ist größer als Klaus.

Der Turm ist größer als das Haus.

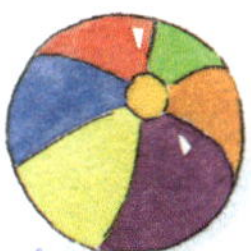

Der Ball ist größer als der Luftballon.

Die Nadel ist kleiner als der Bleistift.

6 Jan vergleicht seine Familie mit Tieren. Vergleiche mit *wie* (dumm, fleißig, listig, stark).

Mein Vetter ist so ______ ______ ein Fuchs. Meine Mutter ist so fleißig wie eine Biene. Mein Vater ist so ______ ______ ein Bär.

Das Subjekt

Lies dir diese Sätze durch. Das Subjekt ist immer farbig unterlegt.

Die Blumen	blühen.			
Im Sommer	fährt	Familie Schulz	an die See.	
Lea	spielt	im Garten.		
Gestern	gab	er	mir	ein Geschenk.
Finn	liest	ein Buch.		

Ein Satz besteht aus mehreren Satzgliedern. Das Subjekt sagt dir, **wer etwas tut**.

1 Kreise das Subjekt ein.

Die Sonne scheint.

Gestern bauten die Kinder eine Sandburg.

Lena schreibt eine Geschichte.

Ich sitze in der Küche.

Das Subjekt kann aus einem Nomen (der Hund), mehreren Wörtern (der große Hund Bello) oder einem Pronomen bestehen.
Das Subjekt antwortet auf die Frage *Wer?* oder *Was?*

2 Verbinde mit dem richtigen Subjekt. Es muss in Sinn und Form zum übrigen Satz passen.

Das Kind	knurrt.
Wir	besuche dich morgen.
Der große Hund	rufen dich an.
Ich	liest ein Buch.

3 Kennst du dich mit Tieren aus? Ergänze das passende Subjekt (Nomen mit Artikel).

__________________ wiehert. __________________ schnattert.

__________________ grunzt. __________________ blökt.

Das Prädikat

1 Ergänze das Prädikat (fressen, hole ... ab, trinkt, kommt, schreibt ... ab, leuchtet, hat ... gespielt).

Jonas ______________ Milch.

Die Kühe ______________ Gras.

Die Lampe ______________.

Ihr ______________ hoffentlich morgen.

Sara ______________ eine Geschichte ______.

Ich ______________ dich ______.

Lena ______ gestern Geige ______________.

Das **Prädikat** sagt aus, **was das Subjekt tut**.
Es gibt einteilige und zweiteilige Prädikate.
Das Wichtigste im Satz ist das Prädikat. Es ist der Kern des Satzes. Daher heißt es auch **Satzkern**.

Für Könner!

2 Unterstreiche die Prädikate.

Beispiele: Timo liest ein Buch. Jule sieht am liebsten fern.
Er malt ein Bild. Er hat gestern ein Bild gemalt.

Vater sitzt auf dem Sofa.

Die Kinder stellen das Indianerzelt auf.

Viele Leute nehmen an der Feier teil.

Spät am Abend gehen sie heim.

Sie hatte ihre Schulaufgaben schnell gemacht.

Morgen werden sie nach Spanien fliegen.

Die Butter steht auf dem Tisch.

Es regnet seit Tagen.

Felix kommt heute zurück.

Opa Nepomuk hat Baby Floh auf seine Schulter gesetzt.

Hinzufügen und Weglassen von Satzgliedern

1 Male jedes Satzglied mit einer anderen Farbe aus.

Ich	bin	hier.

Das Schiff	fährt	in die Schleuse.

Satzglieder können **aus einem oder mehreren Wörtern** bestehen. Durch Hinzufügen oder Weglassen von Satzgliedern kannst du Sätze bauen.

2 Kreise jeweils die Satzglieder ein, und schreibe die Anzahl der Satzglieder auf.

(Die Feuerwehr) (kommt.) 2

Ein Auto hupt vor dem Haus. ____

Ich gehe jeden Tag zur Schule. ____

Gestern schrieb ich meinem Vetter einen langen Brief. ____

3 Ergänze weitere Satzglieder (spät, nach Hause, jeden Tag).

Lenny fliegt.

Lenny fliegt ______________.

Lenny fliegt ______________ ______________.

Lenny fliegt ______________ ______________ ______________.

4 Nimm die Satzglieder weg, die nicht unbedingt nötig sind.

Hanna malt jeden Tag ein neues Bild.

H______ ______________ ______________.

______________ ______________.

5 Welche beiden Satzglieder sind für den Satz am wichtigsten? ______________ und ______________

Satzglieder kann man umstellen

Du kannst die Satzglieder auch verschieben und umstellen.

1 Stelle die Satzglieder so um, dass du vier sinnvolle Sätze bilden kannst.

a) Pia, ihrer Freundin, schenkte, gestern, ein spannendes Buch

Pia ______________________________

Gestern ______________________________

Ein ______________________________

Ihrer Freundin ______________________________

b) fährt, morgen, mit dem Zug, Lukas, nach München

Morgen ______________________________

L ______________________________

M ______________________________

N ______________________________

c) Jedes Jahr, an die See, die Familie Klem, mit viel Gepäck, fährt

____

____

____

____

2 Mache in jedem Satz einen roten Kreis um das Prädikat.

3 An wievielter Stelle steht das Prädikat immer im Satz?

____

Wort- und Satzgrenzen erkennen – Redensarten verstehen

1 Hier haben sich Sätze versteckt. Markiere sie mit einem Farbstift.

a) lkirnstzinastehtoftmitdemlinkenfußzuerstaufkljhnopuzt.

b) rtuwisgfnbhkmdaskannjaheiterwerdenkldsrewtqabvfg.

c) gfetruiogeteiltefreudeistdoppeltefreudehklpgtffnmklöm.

d) fdghjonasweiß,woeslanggehthgfnbuztrfcgdsewknmluz.

e) dsvbgtzsinagehteinlichtaufjnbhgvcfdezdswertziopüvfd.

f) wvfgrdtefjkipuztrwerzuletztlacht,lachtambestenefvbnhj.

2 Trenne oben die Wörter mit einem Strich.

3 Schreibe die Sätze unter die passenden Erklärungen.

a) Gemeinsam erlebte Freude ist größer.

____

b) Ina hat oft schlechte Laune.

____

c) Jonas weiß, was zu tun ist.

____

d) Das wird unangenehm werden.

____

e) Zum Schluss zeigt sich, wer richtig gehandelt hat.

____

f) Sina versteht endlich.

____

4 Welche Redensarten sind hier dargestellt?
Verwende die Redensarten aus Aufgabe 5
und ordne die Buchstaben den Bildern zu.

1) __

2) __

3) __

4) __

5) __

6) __

Für Könner!

5 Weißt du, was die Redensarten wirklich bedeuten?
Verbinde sie mit den passenden Erklärungen.

!

a) jemanden über Wasser halten	☐ etwas Überflüssiges tun
b) die Flinte ins Korn werfen	☐ eine schwierige Aufgabe lösen
c) im Bilde sein	☐ wachsam sein
d) Wasser ins Meer tragen	☐ aufgeben
e) eine harte Nuss knacken	☐ über etwas Bescheid wissen
f) auf Draht sein	☐ jemandem in der Not helfen

Einen Sachtext ordnen und Bildern zuweisen

Diese Textbausteine berichten, wie die Baukunst in den verschiedenen Epochen der Menschheitsgeschichte ausgesehen hat:

1 Nummeriere die Abschnitte in der richtigen Reihenfolge.

Die Entwicklung der Baukunst

☐ Im Mittelalter wurden auf steilen Bergkuppen mächtige Burgen errichtet, später auch riesige Kirchen mit großen Fenstern.

☐ Vor 4000 Jahren errichteten die Ägypter große Pyramiden und riesige Tempelanlagen aus Stein. Auf Schiffen und Baumstämmen wurden sie unter großen Mühen zum Bauplatz gebracht.

☐ In der Steinzeit baute der Mensch Hütten aus Ästen und Zweigen. Er spannte Tierfelle darüber, um sich so vor Wind und Regen zu schützen.

☐ Heute können mithilfe von Stahlträgern und Beton in kürzester Zeit riesige Wohn- und Bürogebäude errichtet werden. Oft bestehen deren Außenwände fast nur aus Glas.

☐ Vor ungefähr 2000 Jahren bauten die Griechen und Römer Tempel, Schwimmbäder und Häuser mit wunderschönen Marmorsäulen. Die Dächer bestanden aus festen wasserdichten Dachziegeln. Sie legten kilometerlange Straßen an, die mit Steinen gepflastert waren.

2 Markiere in jedem Abschnitt die Wörter farbig, die dir verraten, um welchen Zeitabschnitt es sich handelt.

3 Unterstreiche in jedem Abschnitt die Wörter, die dir sagen, um welche Häuserarten es sich handelt.

Für Könner!

4 Schreibe die unterstrichenen Wörter aus Aufgabe 3 im Singular und mit bestimmtem Artikel hier auf.

____

____

____

5 Gib jedem dieser Bilder die Nummer, die auch der dazugehörende Textabschnitt in Aufgabe 1 hat.

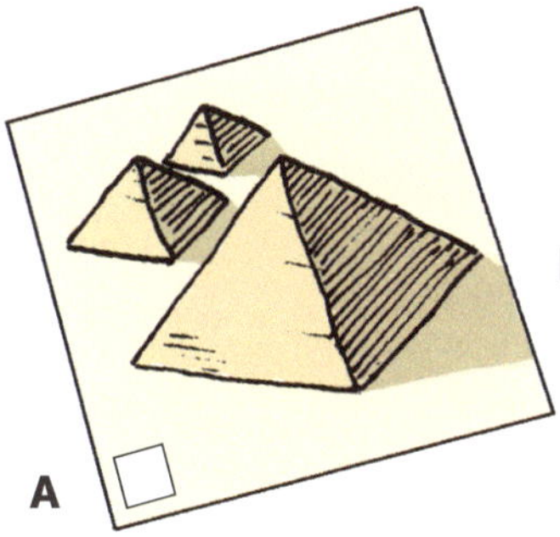
A

B

C

D

E

6 Stimmen diese Behauptungen? Vergleiche mit dem Text. Schreibe *ja* oder *nein*.

a) Dachziegel gibt es erst seit diesem Jahrhundert. __________

b) Die Römer bauten kilometerlange Straßen. __________

c) Die Ägypter transportierten die dicken Steine auf Schiffen und Baumstämmen. __________

d) In der Steinzeit bauten die Menschen hohe Gebäude aus Stein. __________

e) Die Römer kannten keine Marmorsäulen. __________

Eine Wegbeschreibung verstehen und notieren

Clara, die in Köln wohnt, ist begeistert von dem Vorschlag ihrer Freundin Leonie, sie in Düsseldorf zu besuchen. Da ihre Eltern mit dem Vorschlag einverstanden sind, liest sie noch mehrmals durch, was Leonie zur Reise schreibt. Dann macht sie sich kurze Notizen.

... Erst fährst du mit dem Zug zum Düsseldorfer Hauptbahnhof. Dort gehst du zur U-Bahn hinunter und steigst in die U 79, die in Richtung Duisburg fährt. Nach fünf Minuten Fahrt steigst du an der vierten Station (Nordstraße) aus.
Hier nimmst du den Ausgang, der in Fahrtrichtung liegt. Dort gehst du hoch und wendest dich nach links. Nun nimmst du die linke Treppe. Jetzt bist du auf der Kaiserstraße vor der Stadtsparkasse. Du gehst geradeaus bis zur nächsten Ampel. Dort wendest du dich nach rechts in die Arnoldstraße, gehst an einem italienischen Restaurant vorbei und überquerst die nächste Straße, die Freiligrathstraße. Das dritte Haus auf der rechten Straßenseite ist unser Haus, Arnoldstr. 12. ...

1 Ergänze die fehlenden Stichworte.

So komme ich zu Leonie:

a) Zug nach ________________ Hauptbahnhof

b) ________ Richtung Duisburg bis ________________

c) Ausgang in ________________

d) __________ Treppe

e) geradeaus bis ________________

f) nach __________ in die ________________

g) Freiligrathstraße ________________

h) Es ist das __________ Haus auf der __________ Straßenseite.

Einen Zugfahrplan verstehen und in eigene Worte fassen

Gemeinsam mit ihrer Mutter studiert Clara den Zugfahrplan.

1 Hier siehst du verschiedene Verbindungen für die Hin- und Rückfahrt. Betrachte sie genau und beantworte die Fragen.

Köln Hbf ⟶ Düsseldorf Hbf

ab	**Zug**	**an**	**Verkehrstage**
09:27	ICE 29 🍴	09:49	täglich
09:40	RE 10112	10:11	Mo–Fr
09:52	IC 2334 ☕	09:52	Sa, So
09:58	RE 11111	10:29	täglich

Düsseldorf Hbf ⟶ **Köln Hbf**

ab	**Zug**	**an**	**Verkehrstage**
16:31	ICE 1813 ☕	16:58	So
16:40	RE 10126	17:11	täglich
16:51	IC 2615	17:15	Mo–Fr
16:58	RE 11125	17:29	täglich

Hbf = Hauptbahnhof
RE = Regionalzug
Mo = Montag
Fr = Freitag
Sa = Samstag
So = Sonntag
🍴 = Bordrestaurant
☕ = Bordbistro

a) Wann fährt der IC 29 in Köln ab? um ____________

b) An welchen Tagen fährt der RE 11111? ____________

c) Wie heißt der Zug, der um 16:40 Düsseldorf verlässt? ____________

d) Was bedeutet Hbf? ____________

e) Was bedeutet Mo–Fr? ____________

2 Schließlich weiß Clara, was sie tun muss, und sie notiert sich:

a) Abfahrt mit dem RE 10112 in Köln um: ________

b) Ankunft in Düsseldorf Hbf: ________

c) Abfahrt mit dem RE 10126 in Düsseldorf: ________

d) Ankunft in Köln Hbf: ________

e) Fahrzeit pro Strecke: ________

Einen Zeitungsbericht verstehen

1 Lies diesen Zeitungsbericht möglichst schnell.
Markiere dabei diese Wörter: *Unwetter, Gewitter, Regen, keine, Keller voll Wasser, Kirmes, Abflüsse verstopft*

Starkregen setzte Keller und Kirmes unter Wasser

Es dauerte nur eine Viertelstunde, das Unwetter gestern Mittag. Meteorologen hatten für gestern Nachmittag einen Tornado angekündigt.

Der Tornado kam nicht, aber gegen 13.30 Uhr zog ein heftiges Gewitter mit starkem Regen über Düsseldorf dahin. Die Stadt trug zum Glück keine größeren Schäden davon. An der Königsallee wurde auf der Terrasse eines Cafés ein Sonnenschirm aus der Verankerung gerissen.

In der Innenstadt liefen mehrere Keller voll Wasser.
Auf der Kirmes, die auf den Rheinwiesen stattfand, verwandelten sich einige Wege in große Seen, weil die Abflüsse verstopft waren. So waren mehrere Karussells für ein paar Stunden für die Gäste unerreichbar.

2 Ergänze die Fragepronomen in den folgenden W-Fragen.

Warum Was Wo Wann Was Welche

a) ________ hatten die Meteorologen angekündigt?

b) ________ Stadt erlebt ein schweres Gewitter?

c) ________ zog dieses Gewitter über die Stadt?

d) ________ geschah mit einigen Kellern in der Innenstadt?

e) ________ verwandelten sich die Wege in Seen?

f) ________ passierte das auf der Kirmes?

3 Unterstreiche im Zeitungsbericht die Antworten auf die W-Fragen.

Eine Wettervorhersage in einer Tabelle zusammenfassen

Paul, der in Düsseldorf wohnt, möchte wissen, wie das Wetter am Sonntag in Nordrhein-Westfalen wird. Er betrachtet die Wetterkarte in der Zeitung. Dann versucht er, die Vorhersagen in einer Tabelle zusammenzufassen, damit er auch später noch weiß, welche Ausflugsziele am Sonntag in Frage kommen können.

1 Erkennst du, wo welches Wetter ist?
Trage die fehlenden Wörter in die Tabelle ein.

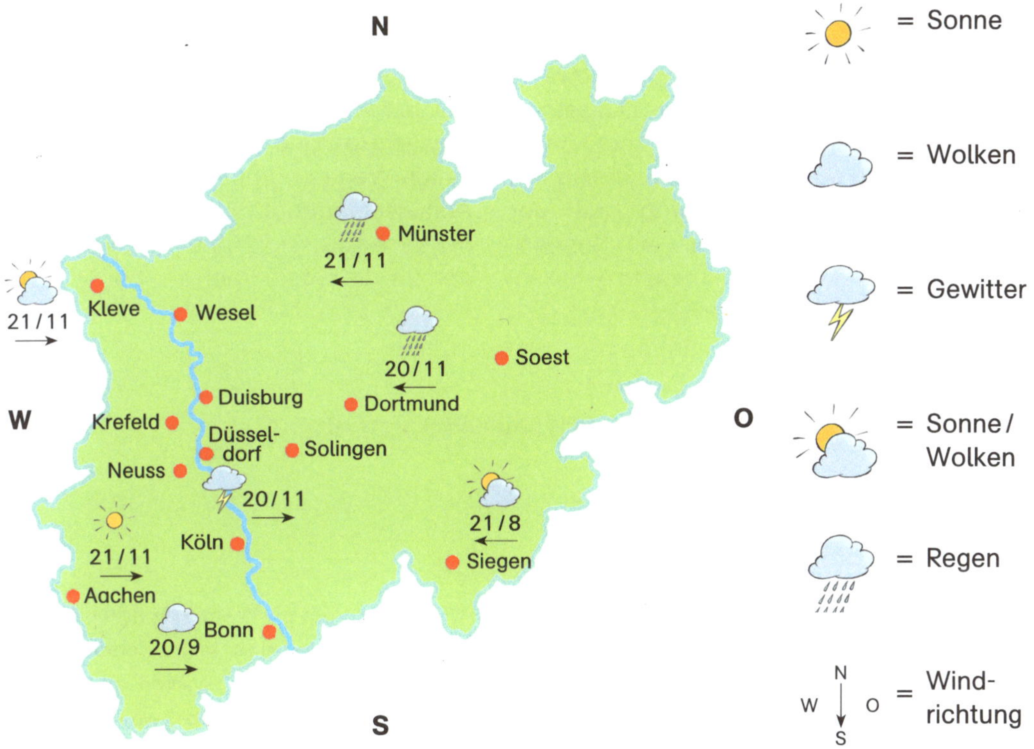

	Aachen	Bonn	Düsseldorf	Kleve	Münster
Wetter	Sonne				
Temperatur tagsüber	21 °C				
nachts	11 °C				
Wind	Westwind				

Einleitung, Hauptteil und Schluss (Fantasiegeschichte)

1 Lies Florians Geschichte.

Plötzlich hörte ich Pferde schnauben und Waffen klirren. „Nanu, was ist denn das?“, dachte ich und lugte vorsichtig aus unserem Zelt. Zu meinem großen Erstaunen sah ich dort viele bunte Zelte. Solche hatten früher die Ritter bei ihren Turnieren benutzt. Dazwischen standen viele Ritter mit glänzenden Rüstungen. Pferdeknechte striegelten die Pferde. Und ganz dicht hinter unserem Zelt lag die Kampfbahn. Dort kämpften zwei Ritter mit Lanzen gegeneinander. Einer der übrigen Ritter verbeugte sich vor mir und lud mich zum Mitmachen ein. Freudig stimmte ich zu. Das hatte ich mir schließlich schon immer gewünscht! Ein Diener brachte mir sogleich ein Pferd und eine Lanze. Und schon ging es los! Ein Kampf folgte dem anderen. Ich besiegte alle Gegner. Als Preis bekam ich einen Rappen und ein silbernes Schwert.

Hier fehlt doch etwas, oder nicht?
Ich glaube, der Leser möchte gern mehr erfahren.

2 Unterstreiche die Fragen, auf die der Leser gerne Antwort hätte.

Ist diese Geschichte wirklich geschehen? Ist sie geträumt worden? Hat Florian sich die Geschichte ausgedacht? Geht Florian gerne zur Schule? Wann und wo könnte Florian sie geträumt oder ausgedacht haben? Wie ist es zu dieser Geschichte gekommen? Hat es in jener Nacht geregnet? Was passierte, nachdem Florian den Preis erhalten hatte?

Eine Erzählung besteht aus **Einleitung**, **Hauptteil** und **Schluss**.
In der **Einleitung** werden die Personen vorgestellt und kurz Ort und Zeit angegeben.
Der **Schluss** muss zum Thema passen. Er ist kurz und führt aus der Geschichte hinaus.

3 Kreuze an, welche Aufsatzteile fehlen.

☐ Einleitung
☐ Hauptteil
☐ Schluss

4 Schau dir Florians Text noch einmal genau an, und beantworte die folgenden Fragen.

a) Fangen alle Sätze gleich an? ________

b) Hat er wörtliche Rede benutzt?
Wenn ja, unterstreiche sie. ________

c) Hat er Ausrufe verwendet? ________

d) Hat er treffende Verben benutzt? ________

5 Ist die Geschichte in der Ich-Form (Ich bin, ich mache, mir ...) oder in der 3. Person (er/sie ist, macht ...) geschrieben?

____

6 Unterstreiche alle Wörter, an denen du die Ich-Form erkennst.

7 Ergänze die fehlende Einleitung in der Ich-Form. Sie sollte nicht mehr als zwei bis drei Sätze haben.

____

____

____

____

____

8 Schreibe auch den fehlenden Schluss in der Ich-Form. Er sollte nicht länger als die Einleitung sein.

____

____

____

____

____

____

Höhepunkt und Überschrift (Erlebniserzählung)

____

Vor drei Jahren zelteten meine Familie und ich auf einem Campingplatz an einem kleinen Fluss. Meine Schwester und ich schliefen in einem kleinen Zelt neben dem großen meiner Eltern.
Nachdem es am Tage zunächst sehr warm und sonnig gewesen war, bedeckte sich der Himmel am Nachmittag. Dunkle Wolken zogen auf. Gegen Abend fing es schließlich an zu regnen. Da es draußen so ungemütlich und kühl war, zogen wir uns bald in unser Zelt zurück. Wir kuschelten uns in unsere Schlafsäcke und lasen ein wenig.
Der Wind wurde immer heftiger. Er schüttelte die Zeltwände und riss an den Seilen. Heftiger Regen prasselte vom Himmel.
Wir waren froh, als wir mit Hilfe unserer Eltern das Zelt verlassen konnten.
Am nächsten Morgen bauten wir unser Zelt wieder auf.

1 Rahme die Einleitung grün, den Hauptteil rot und den Schluss blau ein.

2 Mache ein Kreuz an die Stelle, wo du gerne mehr erfahren hättest.

3 Kreise ein, was an dieser Stelle in Bens Erzählung fehlt:
der Höhepunkt – der Schluss – eine ausführliche Einleitung

4 Unterstreiche, was der Leser an dieser Stelle noch gerne erfahren hätte.

- Was ist mit dem Zelt passiert?
- Gab es ein Loch oder einen Riss im Zelt?
- Hatten sie große Angst?
- Hat es oft in ihren Ferien geregnet?
- Haben die Kinder schon ihre Postkarten geschrieben?
- Haben sie um Hilfe gerufen?
- War es schwierig das Zelt zu verlassen? Wenn ja, warum?
- Sind die Kinder im Schlaf überrascht worden?

5 Erzähle den fehlenden Höhepunkt in drei bis vier Sätzen.

____

____

____

____

Der **Höhepunkt** darf in keiner Erzählung fehlen.
Er befindet sich immer im **Hauptteil**.
Hier schilderst du die Gedanken und Gefühle der beteiligten Personen mithilfe von wörtlicher Rede, Ausrufen und Fragen.

6 Ergänze eine der Überschriften, oder erfinde selbst eine.

- Das eingestürzte Zelt
- Der verflixte Sturm
- Aufregung auf dem Campingplatz
- So ein Pech!
- Eine stürmische Nacht im Zelt

Die **Überschrift** muss **neugierig machen**, aber sie darf nicht zu viel verraten.

7 Kreuze an, was auf den Hauptteil von Bens Erzählung zutrifft.
Wenn du richtig geantwortet hast, erhältst du das Lösungswort.

a) Der Hauptteil erzählt von einem einzigen Erlebnis. ☐ W

b) Er führt allmählich zum Höhepunkt hin, der hier aber leider fehlt. ☐ A

c) Im Hauptteil erfährt der Leser, was die beteiligten Personen gesehen und gehört, gedacht und gefühlt haben. ☐ L

d) Es werden verschiedene Satzanfänge gebraucht. ☐ G

e) Treffende Ausdrücke helfen dem Leser, sich alles gut vorzustellen. ☐ E

f) Einleitung und Schluss sind gut. ☐ N

g) Ben hat oft wörtliche Rede gebraucht. ☐ M

Lösungswort: _ _ _ _ _

Das Wichtigste in der richtigen Reihenfolge erzählen (Nacherzählung)

1 Lies die folgende Geschichte.

Es war einmal ein altes Pferd, das lebte vor langer Zeit in einer alten Hafenstadt. Es hatte seinem Herrn immer treu gedient und ihm sogar einmal das Leben gerettet. Nun war es alt und blind.
Da sagte der Kaufmann zu seinem Knecht.
„Jage das Tier davon! Es ist zu nichts mehr nütze."
Das tat der Knecht. Und so irrte das alte Pferd hungernd durch die Gegend. Eines Tages gelangte es an einen alten Glockenturm. Dort durfte jeder läuten, dem Unrecht geschehen war. In seinem großen Hunger nagte das Pferd das Glockenseil an, so dass die Glocke zu läuten anfing. Viele Leute kamen herbeigeeilt und bedauerten das arme Tier. Da schämte sich sein Herr sehr.
Von da an pflegte er es gut und gab ihm immer reichlich zu essen. (altes Volksmärchen)

2 Beantworte die folgenden Fragen.

a) Wer sind die Hauptfiguren in dieser Geschichte? ______________________

____

b) Wann ereignete sich die Geschichte? ______________________

c) Wo spielt die Geschichte? ______________________

3 Kreise die sieben Stichworte ein, die zu der Geschichte gehören.

Glockenseil anknabbern — ein hungriger Rabe — pflegen
in den Wald laufen — Leute bedauern es — auf einem Ast sitzen
altes blindes Pferd — laut lachen — hungrig umherirren
fröhlich herumspringen — Kaufmann schämt sich — weggejagt

4 Schreibe die Stichworte in der richtigen Reihenfolge in dein Heft.

5 Hier kannst du lesen, wie Nick die Geschichte nacherzählt hat. Überlege, ob sie so in Ordnung ist.

Ein altes blindes Pferd wurde von seinem Herrn fortgejagt. Als er es später wiederfand, war es fast am Verhungern. Er schämte sich und brachte das Tier auf eine schöne Weide. Dort lebte es noch lange glücklich mit einigen anderen Tieren. Er gab ihm von nun an auch genug zu essen.

6 Kreuze die Sätze an, die auf Nicks Nacherzählung zutreffen.

a) Es fehlen Einleitung und Schluss. ☐
b) Es fehlen wesentliche Einzelheiten. ☐
c) Die Geschichte ist lebendig erzählt. ☐
d) Wir erfahren hier nichts über Ort und Zeit des Geschehens. ☐
e) Es wird wörtliche Rede gebraucht. ☐
f) Es werden Dinge erwähnt, die in der Geschichte nicht vorkommen. ☐
g) Die Nacherzählung ist langweilig und viel zu kurz. ☐

7 Ergänze die fehlenden Wörter. Dann weißt du, wie man eine gute Nacherzählung schreibt.

nichts | ereignete | Reihenfolge | Hauptfiguren | Wichtigste | Wo | Stichworte | Einzelheiten | wörtliche | treffende

a) Wenn du eine Geschichte hörst, merke dir das ____________.
b) Überlege: Wer sind die ____________? Wann ____________ sich die Geschichte? ____________ passierte es?
c) Sammle ____________.
d) Schreibe alle wichtigen ____________ in der richtigen ____________ auf.
e) Dichte ____________ hinzu.
f) Gebrauche die ____________ Rede.
g) Verwende ____________ Verben und Adjektive.

Eine Bildergeschichte schreiben und Perspektiven wechseln

1 Betrachte die Bilder. Wie könnte die Geschichte ausgehen?
Wenn du möchtest, kannst du das vierte Bild zeichnen.

2 Schreibe zu jedem Bild ein paar Stichworte.

zu a) ____________________

zu b) ____________________

zu c) ____________________

3 So erzählt Maya die Geschichte.

Leider hat sie diese noch nicht zu Ende erzählt.
Lies sie trotzdem sorgfältig durch.

Endlich war wieder einmal Jahrmarkt in Rasseldorf. Schon früh am Nachmittag liefen viele Kinder hin.
Die meisten standen vor dem Kettenkarussell. Auch Timo stand dort in der Schlange. Er konnte es kaum erwarten. Als er endlich an der Reihe war, sagte er: „Ich möchte zweimal fahren, bitte.“ „5 Euro“, murmelte die Kassiererin. Timo griff in die Tasche, um das Geld herauszuholen. Aber wo war es denn? Er schaute in den Jackentaschen nach, nichts. Er fühlte in den Hosentaschen, auch nichts. „Nun mach endlich oder verschwinde!“, rief die Kassiererin ungeduldig. Traurig wollte Timo gerade davonschleichen, als jemand rief ...

4 Beantworte die Fragen zu Mayas Geschichte mit *ja* oder *nein*.

a) Hat die Geschichte eine gute Einleitung? ______

b) Sind die Satzanfänge verschieden? ______

c) Ist die Geschichte spannend erzählt? ______

d) Gebraucht Maya immer dieselben Verben? ______

e) Benutzt sie Fragen und wörtliche Rede? ______

f) Ist die Geschichte in der Ich-Form erzählt? ______

g) Wird die Geschichte aus der Sicht eines Erzählers geschildert? ______

Merk's dir!

Achte beim Höhepunkt deiner Erzählung darauf, dass du **Gedanken** und **Gefühle** schilderst. Verwende außerdem **Ausrufe** und **Fragen**. Dein Schluss sollte zur Geschichte passen und möglichst kurz sein.

5 Stell dir vor, du seist Timo. Schreibe die Geschichte aus seiner Sicht, also in der Ich-Form. Ergänze Höhepunkt und Schluss. Denke auch an eine gute Überschrift. Schreibe in dein Heft.

Briefe, E-Mails und SMS verfassen

An einem verregneten Ferientag schreiben Sabine und Simon ihre Ferienpost.

1 Hier kannst du Simons Brief lesen.

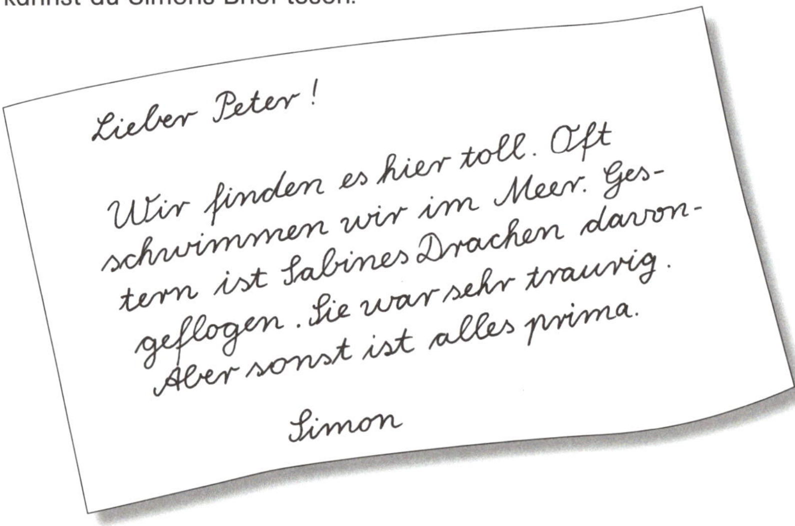
Lieber Peter!

Wir finden es hier toll. Oft schwimmen wir im Meer. Gestern ist Sabines Drachen davongeflogen. Sie war sehr traurig. Aber sonst ist alles prima.

Simon

2 Schau dir noch einmal Simons Brief genau an und beantworte die folgenden Fragen im Heft.

a) Wer hat den Brief geschrieben?

b) Wo wurde der Brief geschrieben?

c) Wann wurde er geschrieben?

Leider können nicht alle Fragen beantwortet werden, denn es fehlen wichtige Informationen!

Ein Brief besteht aus drei Teilen.

1. Teil: Absender mit Namen, Ort und Datum
2. Teil: Freundliche Anrede (mit Komma oder Ausrufezeichen) und Text
3. Teil: Schlussformel mit Grußworten und Unterschrift

Zwischen den einzelnen Teilen und nach der Anrede musst du Abstände einhalten!
Bei E-Mails entfällt der erste Teil. Dafür musst du hier die Betreffzeile beachten.

3 Schau dir Simons Brief noch einmal an, und kreuze an.

	ja	nein
a) Es fehlt der Absender mit Namen und Ort.		
b) Es fehlt das Datum.		
c) Es fehlt die freundliche Anrede.		
d) Am Schluss fehlt ein freundlicher Gruß.		
e) Es fehlt die Unterschrift.		
f) Simon hat die richtigen Abstände eingehalten.		
g) Simons Schrift ist gut zu lesen.		

Die **Anredepronomen** an eine Person, zu der du **„Sie“** sagst, schreibst du in Briefen, E-Mails und SMS **groß**. Mehr dazu findest du auf Seite 13.

4 Hier siehst du zwei Einladungsbriefe. Kreuze den Brief an, in dem du den Grund, den Ort und die Uhrzeit der Feier findest.

☐ Mira schrieb:

> ... Am 3. September feiere ich meinen 10. Geburtstag. Die Feier beginnt um 15 Uhr und endet um 18 Uhr. Wir feiern in unserem Garten auf der Bankstr. 10, 40 477 Düsseldorf. Ich würde mich freuen, wenn du kommen kannst. ...

☐ Marie schrieb:

> ... Am 20. September feiere ich meinen 10. Geburtstag. Ich würde mich freuen, wenn du kommen kannst. Wir machen bestimmt lustige Sachen. ...

Anleitungen und Rezepte

1 Lies die Anweisungen, und nummeriere sie in der richtigen Reihenfolge.

☐ Pflanzen an einen Stock binden, damit sie nicht umkippen.

☐ Topf mit Blumenerde füllen, mit Finger Löcher hineindrücken, Sonnenblumenkerne in Löcher legen, mit Erde bedecken, vorsichtig gießen.

☐ Topf auf Fensterbank stellen, regelmäßig, aber mäßig gießen.

☐ Später Sonnenblumen in den Balkonkasten oder in den Garten pflanzen.

2 Anleitungen können auch anders formuliert werden. Schreibe die Anleitung aus Aufgabe 1 nun in der zweiten Person Singular. Verwende das Präsens, und gebrauche verschiedene Satzanfänge.

Schreibe so in dein Heft:
Sonnenblumen ziehen

1. Du füllst einen Topf ...
2. Nun drückst du mit dem Finger ...
3. ...

Bei **Anleitungen und Rezepten** stehen die **Verben** entweder in der **Grundform** (Pflanzen anbinden), der **Befehlsform** (Binde die Pflanzen an!) oder in der **Personalform im Präsens** (Du bindest die Pflanzen an.). Achte auf abwechslungsreiche Satzanfänge: dann, danach, nun, jetzt, zum Schluss, später, abschließend.

Das solltest du bei **Anleitungen und Rezepten** beachten:

- Anleitungen und Rezepte haben Überschriften.
- Sie stehen immer im Präsens.
- Du musst alle Geräte und Zutaten benennen.
- Erkläre alle Tätigkeiten genau und wähle treffende Verben aus.
- Die Reihenfolge der einzelnen Schritte muss stimmen.
- Wähle unterschiedliche Satzanfänge aus.

3 Mit diesen Stichworten kannst du ein Rezept für einen Pfannkuchen aufschreiben. Bringe die Stichworte in die richtige Reihenfolge, indem du sie nummerierst.

Pfannkuchen-Rezept

__ Prise Salz in Rührtopf streuen

__ einen Esslöffel Mehl daruntermischen

__ zwei Esslöffel Wasser oder Milch dazugeben

__ nach wenigen Minuten fertig

__ Teig in heißes Öl schütten

__ Öl in Pfanne erhitzen

__ auf Teller legen

__ alles gut verrühren

__ ein Ei zugeben

__ wenn Teig fest wird, den Pfannkuchen mit Bratenwender und Gabel wenden

4 Schreibe das Rezept nun in der Ich-Form in dein Heft. Achte dabei auf verschiedene Satzanfänge. Vorgangsbeschreibungen werden genauso angelegt.

1. Ich streue ...
2. Dann gebe ich ...

Die Personenbeschreibung

1 Vergleiche die beiden folgenden Beschreibungen.

Sara:
Die Person, die ich meine, ist so groß wie Anni. Sie hat rote lockige Haare und viele lustige Sommersprossen auf ihrem Näschen. Sie hat ein schmales Gesicht mit braunen Augen und einem kleinen Mund. Auf den Wangen bilden sich kleine Grübchen, wenn sie lacht. Und das tut sie sehr oft. Am liebsten trägt sie blaue Jeans und bunte Pullis. Sie spielt Klavier und kann viel schneller laufen als ich. Am liebsten fährt sie Fahrrad. Wenn man sie trifft, leckt sie fast immer ein Eis.

Max:
Die Person, die ich meine, hat rote Haare und einen kleinen Mund. Sie hat meistens blaue Jeans und bunte Pullis. Ich mag sie.

a) Bei welcher Beschreibung kannst du dir Lena besser vorstellen?

b) Warum? Beantworte im Heft.

2 Schreibe auf, was du in Saras Beschreibung über Lena erfährst.

Größe: ______________________

Gesicht: ______________________

____

Haare: ______________________

Augen: ______________________

Kleidung: ______________________

Verhalten: ______________________

Hobbys: ______________________

Besonderheiten: ______________________

Das ist bei einer **Personenbeschreibung** wichtig:

- Du beschreibst das Aussehen (Gestalt/Größe, Gesicht, Haare, Kleidung) möglichst genau. Gehe dabei vom Allgemeinen (Gesamteindruck) zum Besonderen.
- Nenne auch Fähigkeiten, Hobbys und Besonderheiten.
- Gebrauche treffende Adjektive, Steigerungen und Vergleiche (Er malt am schönsten. Sie läuft schneller als Mara.).
- Achte auf verschiedene Satzanfänge.

3 Suche jeweils mindestens drei passende Adjektive.

Gestalt: ______________________

Gesicht: ______________________

Haare: ______________________

Kleidung: ______________________

Für Könner!

4 Mithilfe der Stichworte kannst du Martin bestimmt gut beschreiben.

! Gestalt/Größe: groß und kräftig, Haare: schwarz, glatt; Augen: braun; Gesicht: rund mit Stupsnase; Kleidung: blaue Jeans, weiße T-Shirts, Besonderheiten: immer fröhlich, rechnet am schnellsten; Lieblingsspeise: Spaghetti; Hobbys: Lesen, Turnen

____

____

____

____

____

____

____

____

____

____

Deutsche Begriffe	Beispiele	Lateinische Begriffe
Namenwort, Hauptwort	das Haus	Nomen, Substantiv
Einzahl des Namenwortes	das Haus	Singular
Mehrzahl des Namenwortes	die Häuser	Plural
Zeitwort, Tunwort, Tätigkeitswort	gehen	Verb
Grundform des Zeitwortes	gehen	Infinitiv
Befehlsform des Zeitwortes	Geh! Geht!	Imperativ
Eigenschaftswort, Wiewort	schnell	Adjektiv
Steigerung: Grundstufe	schnell	
1. Vergleichsstufe (Höherstufe)	schneller	Komparativ
2. Vergleichsstufe (Höchststufe)	am schnellsten	Superlativ
Begleiter, Geschlechtswort	der, die, das / ein, eine, ein	Artikel
Fürwort, Stellvertreter	er, sie, ihr, sein, ...	Pronomen
Zahlwort	sechs, viele, ...	Numerale
Verhältniswort	auf, im, unter, ...	Präposition
Bindewort	da, weil, aber, ...	Konjunktion
Umstandswort	Er singt gern.	Adverb
Selbstlaut	a, e, i, o, u	Vokal
Mitlaut	t, f, k, m, ...	Konsonant
Umlaut	ä, ö, ü, äu	–
Gegenwart	ich gehe	Präsens
1. Vergangenheit	ich ging	Imperfekt, Präteritum
Zukunft	ich werde gehen	Futur
Vollendete Gegenwart, 2. Vergangenheit	ich bin gegangen	Perfekt
Vollendete Vergangenheit	ich war gegangen	Plusquamperfekt
Satzgegenstand	Simon gibt der Mutter rasch das Buch.	Subjekt
Satzaussage, Satzkern	Simon gibt der Mutter rasch das Buch.	Prädikat
Satzergänzung	Simon gibt der Mutter rasch das Buch.	Objekt
Angabe des Ortes (Ortsangabe, Umstandsbestimmung des Ortes)	Ina ist im Wald.	adverbiale Bestimmung des Ortes
Angabe der Zeit (Zeitangabe, Umstandsbestimmung der Zeit)	Kim kommt in zwei Wochen.	adverbiale Bestimmung der Zeit
Angabe der Art und Weise	Sie reitet im Galopp.	adverbiale Bestimmung der Art und Weise
1. Fall, Wer-Fall	der Handwerker	Nominativ
2. Fall, Wessen-Fall	des Handwerkers	Genitiv
3. Fall, Wem-Fall	dem Handwerker	Dativ
4. Fall, Wen-/Was-Fall	den Handwerker	Akkusativ

Lösungen

Seiten 8 – 9

1. Ⓐ B H Ⓞ T Ⓔ R Ⓔ L
   K Ⓞ N V C Ⓐ J Ⓘ T
   Ⓤ Z S Ⓤ W Ⓘ K B H

2. b ⓐ g h t z ⓘ d ⓤ f ⓔ r
   s ⓞ w q ⓔ r ⓐ z t p l ⓤ
   n v b ⓘ p ⓘ f d s ⓞ b m

3. Bücher, Räder, Gärten, Vögel, Züge, Wörter

4. viele Stühle – ein Stuhl
   viele Äpfel – ein Apfel
   viele Kühe – eine Kuh
   viele Töpfe – ein Topf
   viele Bänder – ein Band
   viele Wände – eine Wand

6. Die Sonne lacht am Himmel: ja
   Ein Baum steht am See: ja
   Der Baum hat viele Äste: ja
   Anna und Peter rudern in einem Boot: nein
   Ein Apfel liegt im Gras: ja
   Lia füttert fünf Vögel: nein

Seiten 10 – 11

1. Riese, Wiese, Kies, lieb, Dieb, Tiere

2. Zeige dein Bild deinen Eltern.

3. der Spiegel, das Knie, die Biene, die Zwiebel

4. Emmas Nase kitzelt. Sie muss <u>niesen</u>.
   Tonis Papa <u>mietet</u> ein Haus.
   Frieder bekommt einen <u>Brief</u>. Er <u>liest</u> ihn sofort.
   Opa und Lukas <u>spielen</u> Tennis.

Seiten 12 – 13

3. Hanna malt ein Auto. ☒
   Timo hat ein Lineal. ☒

Seiten 14 – 15

2. Diese Felder musst du rot anmalen:

Bett	**Blatt**
Bus	Banane
Besen	**Baum**
Blume	Bus
Saft	**Seil**
Socke	**Sack**
Brille	**Brot**
Bett	Blatt

3. Tasse:
   Rose:
   Ratte:

Seiten 16 – 17

3. rot: ja, ja, je, jeder, ja
   blau: Juni, Jena, Juli

4. Hat ein Fell: Dackel, Jaguar

5. Die Ente hat ein Maul: nein
   Ein Baum hat Federn: nein
   Eine Maus ist kleiner als ein Elefant: ja
   Eine Jacke bekommt Urlaub: nein
   Das Meer rudert in einem Boot: nein
   Ein Bauer arbeitet oft auf dem Feld: ja

Seiten 20 – 21

2.

Ber**g**			X	**G**las	X		
Vo**g**el		X		**G**abel	X		
Zwer**g**			X	Sä**g**e		X	

3. Eine Gans hat <u>Federn</u>.
   Ich habe eine Nase im <u>Gesicht</u>.
   Ein Stein ist <u>hart</u>.
   Ein Hund kann <u>bellen</u>.

5. leise – laut, heiß – kalt;
   groß – klein, fleißig – faul

6. Ich bin die <u>Sonne</u>.

Seiten 22 – 23

1. Zeige diese Aufgabe zur Kontrolle deinen Eltern.
2. Ein Elefant ist nicht klein. Er ist groß.
   Die Sonne ist nicht kalt. Sie ist heiß.
   Schnee ist nicht schwarz. Er ist weiß.
3. gießen, schließen, beißen, stoßen
4. Maßband, Straße, Gießkanne, Fußball

Seiten 24 – 25

2.

Schere	X		
Schaukel	X		
Kir**sch**e		X	
Ti**sch**			X
Fla**sch**e		X	
Schneemann	X		
Ta**sch**e		X	
Schal	X		
Fi**sch**			X

4. Tina ist hinter einem Busch: richtig
   Die Sonne scheint nicht: falsch
   Drei kleine Kinder schaukeln: falsch
   Eine Puppe liegt im Gras: richtig
   Karin schaufelt im Sand: richtig
   Neben den Schaukeln stehen acht Tulpen: falsch
   Es regnet: falsch

Seiten 26 – 27

1. Vogel, vor, vier, Vetter, Veilchen, Vater, viel, vorher, vorlaut
2. Ich liebe Knochen.
   Ich kann bellen und knurren.
   Ich bin ein Hund.

   Ich kann fliegen.
   Ich kann Nester bauen und singen.
   Ich bin ein Vogel.

Seiten 28 – 29

1. Wiese, wollen, Wald, was, Welle, wild, Weg, wo, weinen, Wurst, Wasser, wieder, Wand

Seiten 30 – 31

1. Zeige diese Aufgabe zur Kontrolle deinen Eltern.
2.

Q	U	A	R	K	I	O
U	S	T	E	G	B	Q
A	W	Q	R	D	P	U
T	Q	U	A	L	L	E
S	S	E	E	E	O	R
C	A	L	E	S	J	U
H	E	L	W	V	K	M
A	P	E	A	B	T	D
B	B	T	S	N	W	A

3. Der Frosch quakt.
   Auf meinem Sofa ist es schön bequem.
   Wasser entspringt aus einer Quelle.
   Eine Ratesendung nennt man auch ein Quiz.
4. Lies den Text deinen Eltern oder Freunden vor.

Seiten 32 – 33

2. Feuer, treu, Eule, Scheune, Euter, Beutel, Heu, neu, leuchten
3. Ich packe meinen Beutel.
   Er schleckt ein Eis.
   Sie strickt einen Pulli.
   Die Mutter backt Brot.
4. drei Lineale: nein
   vier Tomaten: nein
   eine Brille: ja
   neun Kirschen: ja
   ein Kaninchen: ja
   sechs Birnen: ja
   acht Socken: nein
   sieben Brote: ja

Seiten 34 – 35

1. Trixi, Felix, Axt, Max, fix, mixen, Flixi, Alex, Xenia, Hexe, Xaver
2. Zwerg, Zange, zu, ganz, Zelt, Herz, zwei, Zug, zehn, Zwiebel
3. Falsch sind: Mund mit Zunge; Zitrone; Zwiebel; Zweig
4. Da wohnt die kleine Hexe Trixi
   mit dem klugen Raben Flixi.
   Manchmal strickt die Trixi Socken
   für ihre langen roten Locken.
   Mit Lockenwicklern auf den Zehen,
   kann sie leider kaum noch gehen.
   O je, was macht sie doch für Sachen,
   da kann ich nur noch ganz laut lachen.

Seiten 36 – 37

1. Zeige diese Aufgabe zur Kontrolle deinen Eltern.
2. Kitz, Netz, Schatz
3. Lisas Fahrrad ist schmutzig.
   Sie will es putzen.
   Bodos Katze hat Krallen.
   Damit kann sie kratzen.
   Auf einen Stuhl kann man sich setzen.
   Einen Bleistift muss man immer mal wieder spitzen.
4. Lies den Text deinen Eltern oder Freunden vor.

Seiten 38 – 39

1. ① Ohr, ② Auge, ③ Nase, ④ Arm,
   ⑤ Hand, ⑥ Finger, ⑦ Bein
3. Kai malt ein Auge. Mia malt einen Arm. Pit malt einen Finger. Ina malt ein Bein. Jan malt eine Hand. Lea malt ein Ohr.
4. Du findest: HAND, AUGE, NASE, BEIN, OHR, ARM, FINGER

Seiten 40 – 41

1. ① Haus, ② Omi, ③ Wiese,
   ④ Blumen, ⑤ Wald, ⑥ Bach
2. Das ist das Haus von Ninas Omi. Es ist rot. Es steht auf einer großen Wiese mit vielen Blumen. Hinter dem Haus ist ein Wald. Vor dem Haus ist ein Bach.
3. ① Omi, ② Wald, ③ Wiese,
   ④ Bach, ⑤ Blumen, ⑥ Haus
4. bald – Wald, Maus – Haus,
   Liese – Wiese, Dach – Bach
5. Peter malt einen Wald. Tina malt eine Wiese. Jonas malt viele Blumen. Evi malt ein Haus.

Seiten 42 – 43

2. Eine Tomate ist rot. Die Sonne ist gelb. Ein Rabe ist schwarz. Schnee ist weiß. Gras ist grün. Der Himmel ist blau. Schokolade ist braun.
3. gelb, rot, braun, weiß, grün, blau

Seiten 44 – 45

1. Die Wörter heißen: Hose, Seil, Teddy, Stift, Maus, Brett
2. Die Hose ist kurz. Das Seil ist lang.
   Der Teddy ist groß. Der Stift ist rund.
   Die Maus ist klein. Das Brett ist hart.
3. lang – kurz, eckig – rund,
   groß – klein, weich – hart
4. ① lang, ② weich, ③ hart, ④ kurz,
   ⑤ klein, ⑥ rund, ⑦ groß

Seiten 46 – 47

1. Die Wörter heißen: Auto, Hund, Geige, Ball, Vogel, Buch, Katze
2. So musst du verbinden:
   ① – Geige, ② – Vogel, ③ – Hund,
   ④ – Auto, ⑤ – Ball
3. Ich habe einen Hund. Ich habe einen Vogel. Ich habe ein Buch. Ich habe einen Ball. Ich habe ein Auto.

Seiten 48 – 49

1. Jan sagt: „Hallo, Heide." Kevin springt über das Brett. Sina weint. Markus lacht. Verena macht eine lange Nase. Dora hört Musik.
2. So musst du verbinden:
   springen – springt, weinen – weint,
   lachen – lacht, sagen – sagt,
   machen – macht, hören – hört
3. Die Wörter heißen: lachen, springen, weinen, sagen, machen, hören

Seiten 50 – 51

1./2. **der:** Bach, Ball, Baum, Brief;
die: Blume, Birne, Butter, Burg;
das: Bein, Brot, Buch

3. ① Dort ist der gelbe Ball von Lisa.
   ② Ich sehe die Burg auf dem Berg.
   ③ Peter hängt das Bild auf.
   ④ Jan liest das Buch von Tobi gern.
   ⑤ Dort liegt der Brief für Susi.
   ⑥ Laura stellt die rote Blume in eine Vase.
4. ein Brief, eine Burg, ein Bild,
   ein Buch, ein Ball, eine Blume

Seiten 52 – 53

1. Oma ist im Wald. Jan steht hinter dem Zaun. Tina ist im Haus. Alex schaukelt am Baum. Kai ist im Bett. Mutter ist unter dem Tisch. Nora ist auf dem Stuhl. Flora ist im Auto.

2./3. Ein Kind ist unter dem Busch.
Ein Kind ist auf dem Baum. Ein Kind ist im Haus. Ein Kind ist hinter dem Zaun. Opa Nepomuk: „Ich liege im Liegestuhl!"

Seiten 54 – 55

1. Folgende Tiere sind versteckt:
HUND, KATZE, ENTE, KUH, PONY, VOGEL

2. ① Katze, ② Hund, ③ Ente, ④ Kuh,
⑤ Pony, ⑥ Vogel

3./4. Der Hund bellt. Die Katze jagt eine Maus. Die Ente schwimmt auf dem Teich. Das Pony frisst gerne Möhren. Der Vogel fliegt von Baum zu Baum. Die Kuh gibt Milch.

Seiten 56 – 57

1. Du musst ankreuzen:
der Arm, das Fenster, der Mund, das Auge, das Rad, das Blatt

3. Bei der Puppe fehlt der Arm. Bei dem Haus fehlt das Fenster. Bei dem Kind fehlt der Mund. Bei dem Fisch fehlt das Auge. Bei dem Roller fehlt das Rad. Bei der Blume fehlt das Blatt.

4.

				F		
	A	U	G	E		
		M	U	N	D	
		F	I	S	C	H
	B	L	A	T	T	
P	U	P	P	E		
			A	R	M	

Seiten 58 – 59

1. So heißt die richtige Liste:
zwei Flaschen Saft, vier Tafeln Schokolade, ein Laib Brot, ein Kilo Äpfel, ein Glas Honig

2. nehmen, zahlen, kaufen, essen, trinken

3. Die neuen Zettel sehen so aus:
① Schinken, ② Käse, ③ Äpfel,
④ Birnen, ⑤ Salat, ⑥ Nüsse

Seiten 60 – 61

1. Traktor, Hühner, Katze,
Auto, Stroh, Hund

4. Wo steht die alte Eiche?
Neben unserer Scheune
Wer wohnt in dieser Eiche?
Eine Eule
Wann schläft die Eule? Am Tag
Wann sucht sie nach Beute? nachts
Was mag sie am liebsten? Mäuse

Seiten 62 – 63

1./2. Laura, Gartenzaun, schaut, Flausch, Maus, Pflaumenbaum, Strauch

3. Haube, Traube, Laube; auch, Schlauch, Bauch; kaufen, laufen, raufen; blau, Frau

4. **Tina malt:** ein schönes Haus, eine graue Maus, einen großen Baum, eine graue Mauer, einen braunen Zaun
Klaus malt: zwei große Häuser, drei weiße Mäuse, ein kleines Bäumchen, ein kleines Mäuerchen, zwei weiße Zäune

5. laufen – Läufer, kauft – Käufer, träumen – Traum, Bauer – Bäuerin, Daumen – Däumchen

Seiten 64 – 65

1./2. Bella, Anne, Hannes, wollen, Abendessen, passenden, Teller, Tassen, Pfeffer, Butter, Abendessen, Appetit

3. knallen – es knallt, klirren – es klirrt, rollen – es rollt, schellen – es schellt, summen – es summt

4. Tasse, Klasse; Riff, Schiff; essen, fressen; Fall, Ball, Knall; Butter, Mutter; Pfanne, Kanne, Tanne; Suppe, Puppe

5. Sonne, dumm, Kamm, voll, Affe, Oma

6. Mutter, Ball, Sommer, Treppe

Seiten 66 – 67

1. **Pf:** Pferd
pf: Kopf, klopft, hüpfen

2. **Pf:** Pferd, Pfeffer, Pflaume, Pfanne
pf: pfeifen, pflücken, Apfel, Kopf, hüpfen, pflanzen, stopfen, Strumpf

3. klopfen, stopfen; stumpf, Strumpf; Knopf, Topf, Zopf; Zipfel, Gipfel

4. Tim pfeift ein Lied.
Tina hat die Küche gefegt.
Anna hilft der Mutter.
Luis fiel gestern vom Baum.
Nora pflegte die kranke Katze.

5. Pferdesattel, Pferdemähne, Pferdeschwanz, Pferdestall

Seiten 68 – 69

1./2. spielen, Spielplatz, Viele, kriecht, fliegen, liegt, Sie, Wiese, liest

3. Simone hat viele Freunde.
Sie kennt viele Spiele.
Sie isst gerne viele Bananen.

4. schief, tief; Wiege, Fliege, Ziege; Tier, vier, hier; Sieb, Dieb, lieb

5. Spielzeug, Spielregel, Spieluhr, Spielgeld

Seiten 70 – 71

1. großes, Floß, Floßführer, begrüßen

2. die Grüße – der Gruß,
die Flöße – das Floß,
die Späße – der Spaß,
die Füße – der Fuß,
die Blumensträuße – der Blumenstrauß

3. Gruß, süß, Strauß, heiß, Fuß, groß, fließen, beißen, weiß, Straße, grüßen, stoßen, schließen, fleißig

4. a) Peter läuft auf nackten Füßen.
b) Tante Anna schickt liebe Grüße aus Italien.
c) Die Clowns machen lustige Späße.
d) Die Erdbeeren schmecken besonders süß.
e) Der kleine Mops will Julia ins Bein beißen.
f) Auf der Straße sind viele Autos.

5. das Wasser, das Kissen, ich weiß, die Tasse, mein rechter Fuß, der Blumenstrauß, unsere Klasse, fließen, er grüßt, sie küsst

Seiten 72 – 73

1./2. freuen, leuchten, Feuer, Freunde

3. Freude, Scheune, heute, Beute, Kreuz, neun

4. 1) Heu 2) neu 3) Leute 4) heute
Lösung: Es ist eine Eule.

5. Beute, Freude, heute, Kreuz, neun, Scheune

Seiten 74 – 75

1. **rot:** Schwester, Schwänen, Schmetterlinge
blau: Sascha, Zwischen, schwarzen, schweben, schwer, Wäsche, schwupp

2. Schwester, Schwänen, Schmetterlinge

3. Sascha, zwischen, schwarzen, schweben, schwer, Wäsche, schwupp

4. einkreisen: Schnecke, Schrift, Schal, Schrank

5. **Namenwörter:** Schule, Schere, Schlaf
Tunwörter: schlafen, scheinen, schenken
Wiewörter: schief, schlecht, schön

6. duschen, rauschen, huschen, waschen, naschen

Seiten 76 – 77

1. ein Hund, ein Elefant, ein Hahn, ein Hase, ein Hamster, eine Maus, eine Katze, eine Ente, eine Kuh, eine Giraffe, ein Pferd, ein Kamel, ein Krokodil, ein Huhn, ein Nashorn

2. Eine Katze miaut.
   Ein Nashorn hat ein Horn auf der Nase.
   Eine Giraffe hat einen langen Hals.
   Ein Hahn schreit kikeriki.
   Ein Huhn legt Eier.

3. der: Vogel, Hund, Elefant, Hahn, Hase, Hamster
   die: Maus, Katze, Ente, Kuh, Giraffe
   das: Pferd, Kamel, Krokodil, Huhn, Nashorn

4. Hänge das Hundebild an die Wand! Kai und Karin sammeln Tierbilder. Karin sucht ein Tierbuch. Kai schreibt die Tiernamen auf. Wo ist das Nashorn?

5. die Pfaue – der Pfau,
   die Zebras – das Zebra,
   die Elche – der Elch,
   die Rehe – das Reh,
   die Kühe – die Kuh

Seiten 78 – 79

1. Pinsel,
   Vasen,
   Blöcke, Bausteine, Scheren,
   Bücher, Becher, Flöten,
   Stifte, Spiele, Hefte

2. viele Hefte, fünf Flöten, zehn Blöcke, viele Becher, viele Stifte, sechs Bücher, viele Bausteine, viele Scheren

3. Anne legt vier Bücher auf den Tisch.
   Simon schreibt gerne viele Briefe.
   Lukas malt auf einem Block.
   Die roten Stifte liegen im Kasten.
   Liv schneidet mit einer kleinen Schere.

Seiten 80 – 81

1. fliegt, klettert, schläft, spielt, springt, kriecht, sitzen, liest, hüpfe, tust

2. Klaus schläft. Hei, ihr springt aber weit! Lea spielt mit einem Ball. Kai klettert auf den Baum. Jan liest ein Märchenbuch. Ein Vogel fliegt. Dirk und Jule sitzen auf einem Baum. Anna kriecht unter einen Busch. Ich hüpfe. Und was tust du?

3. **schreiben:** ich schreibe, du schreibst, er schreibt
   reden: ich rede, du redest, er redet
   essen: ich esse, du isst, sie isst
   springen: ich springe, du springst, er springt

Seiten 82 – 83

1. **grün:** großen, kurze, lange, helle, weite, lange flauschige, weiße, dunkle

2. dick, kalt, falsch, hart, nass, lang, breit, alt, weiß, groß

3. verbinden: größer – groß,
   länger – lang
   härter – hart,
   weich – weicher

4. alt, breit, dick, falsch, groß, hart, kalt, lang, nass, weiß

5. klein – groß, weich – hart, dünn – dick, kurz – lang, neu – alt, warm – kalt

6. Die Erdbeere ist weich,
   aber die Butter ist weicher.
   Emmas Schal ist lang,
   aber Carlas Schal ist länger.
   Raffaels Haus ist groß,
   aber Tonis Haus ist größer.
   Die Birne ist hart,
   aber meine Nuss ist härter.

Seiten 84 – 85

1. geben, schreiben, leben, lieben, üben, heben; Kinder, Feder, Leder, Räder, Bilder, Puder

2. Sie laufen schnell. Sie sagen nichts. Die Lichter strahlen. Die Leute warten lange. Sie gehen heim. Lenny sagt: „Ich spucke Feuer!“

3. Hel-me, Lei-ter, Bur-gen, To-re, Stei-ne, Tür-me, Rit-ter

4.

1) reiten	2) Reise	3) Zelte
4) zelten	5) laufen	6) Laute
7) Helfer	8) helfen	9) Hase
10) Hafer	11) Nadel	12) Nase

Seiten 86 – 87

1. Lest euch das Plakat dort durch! Gibt es hier auch Nashörner? Sieh mal, der Papagei! Gehen wir auch zu den Löwen? Hurra, ein Hai! Ich war schon oft im Zoo. Darf ich ein Eis haben? Es ist sehr heiß heute. Mist, ich habe mein Geld vergessen.

2. Ist das Wetter schön? Scheint die Sonne? Schließt der Zoo bald? Lacht Kai laut?

3. Bitte, werft keinen Abfall auf die Wege!
   Bitte, füttert keine Tiere!
   Bitte, macht keinen Lärm!
   Bitte, bleibt auf den Wegen!
   Bitte, steckt keine Hände durch die Gitter!

zu Seiten 86 – 87

4. Wann werden die Löwen gefüttert?
   Die Löwen werden um 11 Uhr gefüttert.

   Wie heißt das Tier mit dem langen Hals?
   Es heißt Giraffe.

Wer klettert am besten?
Die Affen.

Woher kommen die Elefanten?
Aus Afrika und aus Asien.

Seiten 88 – 89

3. Sie zaubert am liebsten die Plätzchenformen Herz, Mond, Blatt, Tanne, Vogel und Stern.

Seiten 90 – 91

1. a) Lisa;
   b) das Weltall;
   c) mit den Astronauten;
   d) der Ziegenbock und das Schwein
2. Enten, Gänse, Hühner, Ponys, Hähne, Ochsen, Ferkel, Fohlen
3. Hunde bellen. Pferde wiehern. Schweine grunzen. Hähne krähen. Hühner gackern. Gänse schnattern. Vögel zwitschern.

Seiten 92 – 93

2. a) Eva sitzt im Bett.
   b) Sie benutzt das Kopfkissen als Tisch.
   c) Sie schneidet Papier durch.
   d) Das Schneiden geht plötzlich schwer.
   e) Federn fliegen auf einmal durch die Luft.
   f) Eva erschrickt, weil sie wohl in das Kissen geschnitten hat, sodass die Federn nun herausfliegen.
3. Richtig sind:
   a) Eva sitzt im Bett.
   b) Eva schneidet.
   c) Federn fliegen durch das Zimmer.
5. Federn haben: Huhn, Ente, Gans, Hahn, Adler, Spatz.

Seiten 94 – 95

1. Der kleine Thomas steht vor dem Spiegel. Er schließt die Augen. Langsam macht er sie wieder auf. Er kneift ein Auge zu. Immer wieder dreht er seinen Kopf hin und her. Aber Thomas ist unzufrieden. „Wa-rum machst du denn die Augen zu, wenn du vor dem Spiegel stehst?“, fragt seine Mutter nach einiger Zeit. „Ich will endlich wissen, wie ich im Schlaf aussehe“, stöhnt Thomas.
2. Er schafft es nicht, weil er sich nicht sehen kann, wenn er die Augen geschlossen hat.
3. EHER – REHE, TOR – ROT, NIE – EIN, OTTO – OTTO, TIM – MIT, EIS – SIE, RETTER – RETTER
4. Spieglein, Spieglein an der Wand, wer ist der Klügste im ganzen Land?
5. durchstreichen: Spielzeit, Spielstraße.
6. ER VERKLEIDET SICH. (ST**ER**N, **V**OG**E**L, **R**, **KLEID**, **E**N**T**E, **S**T**I**FT, FIS**CH**)

Seiten 96 – 97

1. Der Lautsprecher sagt:
   VORSICHT BEI DER EINFAHRT DES ZUGES.
2. Gepäck, Waggon, Lokomotive, Bahnsteig, Weiche, Signal, Fahrkarte
3. Dusche 

   Restaurant 

   Information 

   Untergrundbahn 

   Parkplatz 

   Toiletten 

   Nichtraucher 

   Hotel 

   Notausgang 

   Telefon 

   Parkhaus 

   Raucher 

4. 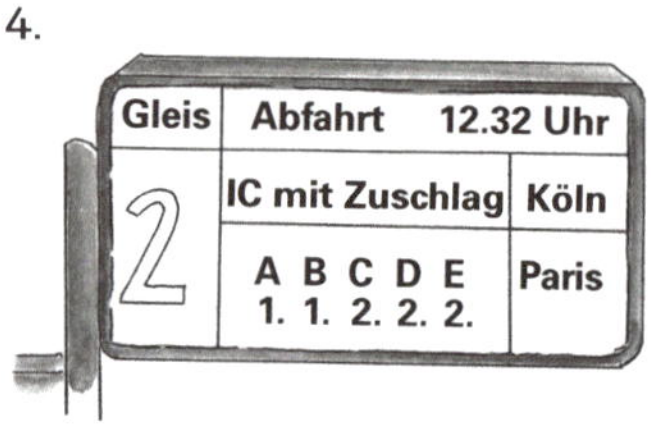

Seiten 98 – 99

1. a) ja; b) nein; c) ja; d) nein; e) ja
2. Lena, Tobias, Bettengeschäft, schläft, Bett, Himmelbett
3. Rot einrahmen:
   a) das 1. Bild
   b) das 3. Bild
   c) das 2. Bild
   d) das 1. Bild
   e) das 2. Bild
4. Bengel – Engel / Enge / eng / Gel
   Bein – ein / bei / Ei
   Zimmer – immer / im
   Beule – Eule; Gast – Ast / Gas
   Zeichen – Eiche(n) / Ei
   hampeln – Ampel(n)
   heben – eben
   Nacht – acht / nach
   Greis – Eis / Reis

Seiten 100 – 101

1. 1) Nora bastelt ein Papierschiff.
   2) Dann setzt sie es ins Wasser.
   3) Plötzlich wird das Schiff immer größer.
   4) Nora freut sich, steigt ein und fährt davon.
2. Nora; am Nachmittag (zum Beispiel); im Zimmer und am Wasser.
3. Die Geschichte könnte zum Beispiel so beginnen: Nora sitzt am Nachmittag am Tisch und will ein Papierschiff basteln.

Seiten 102 – 103

1. 1) Alex und Nele stehen auf dem Dachboden.
   2) Sie öffnen vorsichtig eine große, alte Kiste.
2. 3) So könnte diese Geschichte zum Beispiel enden:
   Die Kiste ist voll mit alten Kleidern. Da können sich die beiden herrlich verkleiden!

Seiten 104 – 105

1. 1) In ihren Ferien bauen Mia und Leo eine große Sandburg.
2. 2) Zum Beispiel: Die Burg wird größer und größer.
   3) Zum Beispiel: Zum Schluss legen sie noch einige Muscheln darauf.
   4) Mia und Leo haben den ersten Preis gewonnen. Die beiden freuen sich sehr.

Seiten 106 – 107

2. 1) Papa
   2) Mama treffen
   3) vor dem Möbelhaus Wagner
   4) um zwei Uhr
   5) will Schrank zeigen
3. Abfahrt: morgen, 9 Uhr;
   wo: Bushaltestelle hinter dem gelben Haus;
   mitnehmen: etwas zu essen und trinken, Regenschirm

Seiten 108 – 109

1. a) um drei Uhr
   b) zu Laura
   c) um fünf Uhr
2. Liebe Mama!
   Um zwei Uhr bin ich mit Jan ins Schwimmbad gegangen. Ich bin um vier Uhr wieder zurück.
   Dein Tobias
3. tauchen, schwimmen, spritzen, springen, duschen

Seiten 110 – 111

1. In Lenas Einladung erfahren sie, wann und wo das Fest stattfinden soll.
2. Liebe Eltern!
   Wir laden euch zum Schulfest am 16. Mai ein. Es findet um 14 Uhr auf dem Schulhof statt.
   Viele Grüße,
   eure Klasse ...

Achtung! Die Anredefürwörter in Briefen an vertraute Personen können auch großgeschrieben werden (du/Du, ihr/Ihr, euch/Euch, ...)

Seiten 111 – 112

1. Anschrift (**rot**): Frau Julia Schmitz, Kleverstr. 122, 40477 Düsseldorf
   Absender (**gelb**): Lisa Magnus, Schulgasse 2, 38126 Braunschweig
   Anrede (**blau**): Liebe Tante Julia!
   Text (**rosa**): Seit drei Tagen gehe ich wieder in die Schule. Wir gehen einmal in der Woche schwimmen. Das macht Spaß.
   Schluss (**grün**): Viele Grüße, deine/Deine Lisa
3. anschreiben, beschreiben, aufschreiben, umschreiben, verschreiben

Seiten 114 – 115

1. Es ist eine Katze.

3. schwarz, weißen, scharfe, wütend, leise

4. **Tom:** Es ist ein Goldfisch (Bild a).
   Rita: Es ist ein Schäferhund (Bild e)
   a) Goldfisch, b) Katze, c) Igel, d) Hase,
   e) Schäferhund

Seiten 116 – 117

1. **Nomen:** Tim, Mark, Haus, Jungen, Angst, Schlange, Flur, Treppe, Hilfe, Hilfe, Schlange, Schreck, Lärm, Mädchen
   Satzanfänge: Leise, Die, Sie, Hilfe, Vor

2. durchstreichen: liegen, Schwein, Tür, du

3. der Baum, die Freude, die Brille, der Kai, der Wald, das Schwein, die Tür, das Glück, die Anne, der Stuhl, die Angst, die Feder, der Mut

4. Maus, Zufriedenheit, Gans, Wut, Tanne, Lars, Hoffnung, Bäcker, Maria, Dach, Heft, Ärger, Buch, Alex

5. Freude, Glück, Angst, Mut, Zufriedenheit, Wut, Hoffnung, Ärger

6. Morgen treffen wir uns im Schuppen neben der Brücke. Unsere Freunde aus der Lindenstraße kommen auch. Bringt Brote mit, damit wir nicht verhungern. Ich sorge für die Getränke.
   Viele Grüße, Kevin

Seite 118

1. Teer, Meer, leer, Beet; Paar, Haar, Saal, Saat; Moor, Zoo, Moos, Boot

2. der Teer, das Meer, das Beet;
   das Paar, das Haar, der Saal, die Saat; das Moor, der Zoo, das Moos, das Boot

3. Kahn, Bahn, Zahl; zehn, Lehrer, Mehl; Sohle, Bohne, Fohlen; Uhr, Huhn, Stuhl

Seite 119

1. **i:** Tiger, Kino, mir, wir, Rosine, Juli
   ie: Tier, Biene, hier, viele, Zwiebel, lieb, spielen, Fieber
   ih: ihn, ihr, ihnen, ihm, ihre

2. 1. Biene; 2. Fieber; 3. hier; 4. lieb; 5. spielen; 6. Tier; 7. viele; 8. Zwiebel

3. Biene, Schiene; Wiese, Riese;
   er schrieb, sie blieb; tief, schief; Fliege, Wiege

Seiten 120 – 121

1./2. **Wörter mit s:** Glas, Haus, aus, Eis, Mäuse, Gras
   Wörter mit ß: draußen, groß, Grüße, fleißig, süß, Fuß, gießen, schießen

3. **Nomen:** Straße, Strauß, Fuß, Gruß
   Adjektive: süß, heiß, groß, fleißig, weiß, spaßig
   Verben: beißen, stoßen, gießen

4. Fleiß, dreißig, Gruß, versüßen, schließen, Reißverschluss, Spaß, zerreißen

5. So könnten deine Sätze lauten:
   Fleiß war nicht seine Stärke. Sie schrieb der Oma einen lieben Gruß. Seine erste Jacke hatte einen gelben Reißverschluss. Die Aufgabe macht ihr viel Spaß.

Seite 122

1. V/v wie w gesprochen: Vase, Kurve, Villa, Klavier, November, Vulkan;
   V/v wie f gesprochen: Vorsicht, vorher, Versteck, Vater, Vogel, von, Veilchen

2. verfolgen, verirren, verstehen;
   vorlaufen, vortragen, vorfahren

3. vielleicht, vielmehr, vielfach

Seite 123

1. Apfelbäumchen – Apfelbaum; Männchen – Mann; Ärmchen – Arm; Händchen – Hand; Äugelchen – Auge; Näschen – Nase; Jäckchen – Jacke

2. Er fotografiert nicht nur einen Kahn, sondern viele Kähne, nicht nur einen Baum, sondern viele Bäume, nicht nur einen Schlauch, sondern viele Schläuche, nicht nur eine Maus, sondern viele Mäuse, nicht nur ein Fass, sondern viele Fässer.

Seite 124

1. **ll:** Ball, alle, hell
   mm: Hammer, kommen, immer
   nn: Kanne, nennen, Spinne
   pp: Treppe, Suppe, wippen
   tt: retten, Bett, Brett

2. Watte, Zimmer, nett, Pappe, Affe, schallen, irren, Klasse, gewinnen

3. 1. Affe; 2. gewinnen; 3. irren; 4. Klasse; 5. nett; 6. Pappe; 7. schallen; 8. Watte; 9. Zimmer

Seite 125

1./2. aufgegessen, Wusstet, dass verlässt, Lasst, Fasst, vergisst

3. Fabian isst eine Banane. Das Pferd frisst gerne Heu. Lena vergisst oft ihre Sachen. Sara misst die Tischkante.

4. Fluss, Kuss, Nuss, Schluss; Fass, nass, blass; Ross, Schloss; Tasse, Gasse, Masse; Rüssel, Schlüssel, Schüssel

Seite 126

1./2. Marktplatz, Pfütze, spritzte, witzig, schmutzig, Kirchturmspitze, setzte, putzte

3. Hitze, Spritze, Ritze, Witze; Spatz, Platz, Schatz, Satz; flitzen, schwitzen, sitzen, spritzen; Katzen, platzen, kratzen, schmatzen

4. Schwanz, Tatze, stürzen, Arzt, spitz, Schmerz, blitzen, Warze, trotzig, schwarz, Mütze, geizig

Seite 127

1. **Nomen:** Deckel, Zucker, Locke, Brücke
   Verben: drücken, stecken, backen, schicken
   Adjektive: trocken, dreckig, locker, glücklich

2. Blick, Stock, dick, Block, Strick, Speck, Gepäck, Rock, Sack

Seite 128

1. a) Grundform von du fragst: fragen
   b) Hier lernst du jeden Tag: Schule
   c) Mehrzahl von Schwan: Schwäne
   d) Ganz schmale Wege: Pfade
   e) Das hat jeder Vogel: Federn

2. a) Gegenteil von oben: unten
   b) Frucht des Birnbaums: Birne
   c) Sie stehen an vielen Kreuzungen: Ampeln
   d) Bei Gewitter gibt es Blitze.
   e) Schlecht riechen: stinken
   f) Auf der Matratze liegt das Betttuch.
   g) Größer werden: wachsen
   h) Greifwerkzeug: Zange
   i) Zimmer haben Wände.

Seite 129

1. brüllen, Affe, Kämme, retten, Spinnen, Wasser, Messer, starren, Suppe

2. Stolz sprang der 12-jährige Knappe Otto als Erster vom Pferd. Sein Rappe war immer schneller als die anderen Pferde!
   Müde ließ Otto die schweren Waffen und das Schild mit dem Wappen seines Herrn in das weiche Gras fallen. Dann holte er sich frisches Wasser vom Brunnen, legte sich ins Gras und genoss die warme Sonne.

Seite 130

2. **Frage:** Woher kommt das Auto**?** Wann fahrt ihr nach Hause**?** Geht ihr mit uns schwimmen**?** Was hast du gesagt**?** Willst du einen Apfel**?**

   Aussage: Die Sonne scheint**.** Die Kinder stehen vor dem Kino**.** Lore und Felix haben Hunger**.** Der Vampir segelte durch die Luft**.**

   Ausrufe: Komm her, mach schnell**!** Gib mir dein Heft**!** Sei endlich still**!** Lauf, hol dir den Ball**!** Halt bitte die Tasche auf**!** Geh schneller**!**

Seite 131

1. Lizzy fragt: „Lenny, fliegst du mit mir?"
   Lenny antwortet: „Ja, ich komme gleich."
   Opa Nepomuk sagt: „Hallo ihr beiden, ich mache eine Pause!"

2. Simon fragt: „Gehst du auch zum Sportplatz?"
   Rebecca antwortet: „Ja, aber ich fahre mit dem Fahrrad."
   Simon ruft erfreut: „Prima, dann lass mich hinten draufsitzen!"
   Doch Rebecca meint: „Ich glaube, du bist mir zu schwer. Es ist besser, wenn du fährst und ich hinten sitze."

Seiten 132 – 133

1. Vater, Sohn, Eiche, Baumhaus, Brett, Werk, Tag

2. ein Vater – der Vater; ein Sohn – der Sohn; eine Eiche – die Eiche; ein Baumhaus – das Baumhaus; ein Brett – das Brett; ein Werk – das Werk; ein Tag – der Tag

3. **der:** Wecker, Baum, Postbote
   die: Zahl, Ente, Rakete, Nummer
   das: Jahr, Auto, Huhn

4. die Windjacke: der Wind, die Jacke
   der Lastwagen: die Last, der Wagen
   das Motorboot: der Motor, das Boot
   die Autobahn: das Auto, die Bahn die Schranktür: der Schrank, die Tür

5. die Bergsteiger – der Bergsteiger
   die Straßenbahnen – die Straßenbahn
   die Krankenwagen – der Krankenwagen
   die Flugzeuge – das Flugzeug
   die Frachtschiffe – das Frachtschiff
   die Leuchttürme – der Leuchtturm

6. a) Das Flugzeug fliegt nach Amerika.
   b) Der Leuchtturm leuchtet nachts.
   c) Das Frachtschiff liegt im Hafen.
   d) Der Bergsteiger klettert auf den Berg.
   e) Der Krankenwagen fährt zum Krankenhaus.
   f) Die Straßenbahn hält an der Haltestelle.

Seiten 134 – 135

1. rollen, blühen, scheinen, singen, grunzen, bellen, fliegen, knattern

2. Fiona singt. Ein Hund bellt. Das Rad rollt. Die Sonne scheint. Die rote Tulpe blüht. Das Flugzeug fliegt.

3.

ich	koche	lerne	stricke
du	kochst	lernst	strickst
er, sie, es	kocht	lernt	strickt
wir	kochen	lernen	stricken
ihr	kocht	lernt	strickt
sie	kochen	lernen	stricken

zu Seiten 134 – 135

4. schrieb, steckte, klebte, lief, warf, kam, leerte
5. Dora schreibt einen Brief an ihre Freundin. Anschließend steckt sie ihn in einen Umschlag und klebt eine Briefmarke darauf. Schnell läuft sie zum nächsten Briefkasten und wirft ihn hinein. Kurz darauf kommt der Postbote und leert den Briefkasten.

Seiten 136 – 137

1. Schnee ist weiß. Steine sind hart. Ein Kreis ist rund. Tomaten sind rot. Max ist groß. Der Rabe ist schwarz.
2. jung – alt; lustig – traurig; hell –dunkel; mutig – ängstlich; kurz – lang; dumm – klug; gesund – krank; schön – hässlich
3. Das Auto ist alt. Das ist ein altes Auto.
   Der Tank ist voll. Das ist ein voller Tank.
   Das Brot ist frisch. Das ist ein frisches Brot.
   Das Ei ist weich. Das ist ein weiches Ei.
   Das Gespenst ist müde. Das ist ein müdes Gespenst.
4. a) Julias Haare sind länger als Leos Haare.
   b) Leos Ohren sind größer als Julias Ohren.
   c) Leos Mund ist breiter als Julias Mund.
   d) Julias Augen sind größer als Leos Augen.
   e) Julias Nase ist kleiner als Leos Nase.
5. a) Er ist grasgrün.
   b) Sie ist zitronengelb.
   c) Sie ist messerscharf.
   d) Er ist himmelblau.

Seite 138

1./2. **bauen:** anbauen, umbauen, Bau, Bauwerk, Neubau, Baustelle, aufbauen
fahren: Fahrbahn, abfahren, verfahren, Fähre, Fuhrwerk, gefahren, er fährt

3. Spielfeld, Kartenspiel, Spielsachen, vorspielen, Spieler, Spielplatz

Seite 139

1. **sehen:** blicken, schauen, spähen, starren, gucken, betrachten
   sprechen: reden, rufen, flüstern, bemerken, plappern, murmeln
   gehen: laufen, hüpfen, eilen, hasten, trippeln, rennen
2. Beispiele: gießen, hageln, nieseln, plätschern, platschen, prasseln, rinnen, schneien, schütten, sprühen, strömen, tropfen

Seiten 140 – 141

4. Wo wohnst du**?** Gib mir bitte das Buch**!** Komm schnell her**!** Jan ist krank**.** Lars hat Durst**.** Wie heißt du**?** Schrei nicht so laut**!** Spiel mit uns**!** Kai sitzt unter dem Tisch**.** Wann fahrt ihr weg**?** Wer ist dein Bruder**?** Geh nicht so schnell**!** Gleich ist die Pause vorbei**.**

Seiten 142 – 143

1. Das Flugzeug **landete** pünktlich. Schnell **gingen** Hanni und Fred zum Supermarkt. Auf dem Baum sitzt **eine Katze**.
2. Opa Nepomuk liegt lange im Liegestuhl.
   Im Liegestuhl liegt Opa Nepomuk lange.
   Lange liegt Opa Nepomuk im Liegestuhl.
3. Im Gartenhäuschen sucht sie eine Schere. Mit der Schere schneidet sie einige Blumen ab. Die Blumen bringt sie schnell ins Haus. Im Zimmer stellt sie diese in eine Vase. Die Vase mit den Blumen zeigt sie ihrer Oma.
4. Drei Boote fahren über den See. Über den See fahren drei Boote. Auf dem Hof spielen mehrere Jungen. Mehrere Jungen spielen auf dem Hof.

Seite 144

1. durchstreichen: leicht, Auto, fliegen, stricken, Kühe, Flugzeug, Stirn, Schluss
2. a) ja, b) ja, c) nein, d) nein
3. Markiere: a) in Herden, b) ein Schäfer, c) Hunde, d) in derselben Richtung, e) das dichte Fell, f) Milch, Fleisch und Wolle

Seite 145

1. 1) In einem Mischtank werden Zucker, Aromastoffe und Wasser gemischt.
   2) Diese Mischung wird auf leere Flaschen verteilt, die auf einem Fließband stehen.

zu Seite 135

Grundform	Gegenwart	1. Vergangenheit	2. Vergangenheit
schreiben	sie schreibt	sie schrieb	sie hat geschrieben
lesen	er liest	er las	er hat gelesen
essen	es isst	es aß	es hat gegessen
rufen	er ruft	er rief	er hat gerufen
singen	sie singt	sie sang	sie hat gesungen

3) Nun wird sehr kalte Kohlensäure in die Flaschen gepumpt.

4) Sofort danach werden die Flaschen mit Deckeln verschlossen.

5) Anschließend werden noch die Etiketten auf die Flaschen geklebt.

6) Zum Schluss werden sie in Kartons verpackt und zu den Geschäften gebracht.

2. Unterstreichen:
   a) Zucker, Aromastoffe und Wasser
   b) sehr kalte Kohlensäure
   c) mit Deckeln
   d) die Etiketten
   e) in Kartons
   f) zu den Geschäften

Seite 146

1. a) das Museum, b) Dom-Ring, c) 3, d) 4, e) bei Nummer 8

2. a) den Alten Turm

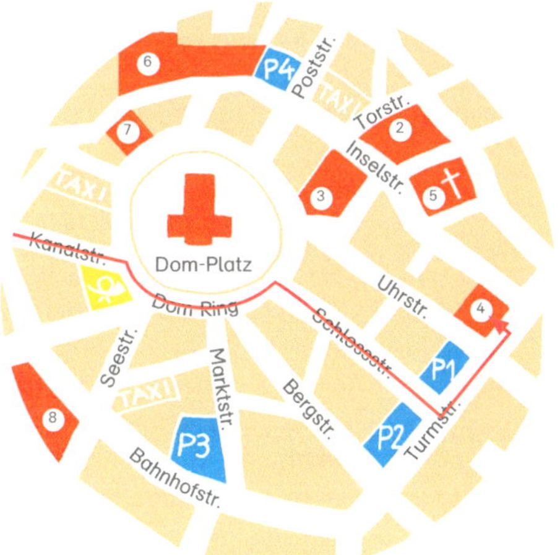

Seite 147

2. a) **Wer** züchtet seit Jahrhunderten Vieh? b) **Was** können die Menschen trinken? c) **Wie** wurde die Butter früher hergestellt? d) **Warum** ist Butter wichtig für das Wachstum?

3. a) die Menschen b) Milch c) von Hand d) da sie sehr viel Vitamin A enthält

Seiten 148–149

1. mögliche Lösung: Das war gerade noch einmal gut gegangen.

2. a) im Wohnzimmer
   b) gestern Morgen
   c) Hansi und ich

3. **Einleitung:** „gestern Morgen ... spielen “
   Hauptteil: „Ich machte ... geschlossen war.“
   Schluss: siehe Aufgabe 1

4. mögliche Lösungen: So ein Glück; So ein Schlingel; Noch einmal gut gegangen; „Die offene Käfigtür“ würde schon zu viel verraten; „Davongeflogen“ wäre falsch.

5. a) Ich suche eine Überschrift, die neugierig macht.
   b) Ich denke an die drei Teile Einleitung, Hauptteil, Schluss.
   c) Einleitung und Schluss müssen kurz sein.
   d) Im Hauptteil befindet sich der Höhepunkt. Das ist der spannendste Augenblick der Geschichte.

Seiten 150–151

2. mögliche Lösung: ... eine große Welle heranschwappte. Platsch!
   Da spritzte eine Menge Wasser über Kai und Farida. Das Ruderboot schaukelte heftig. Die beiden erschraken sehr. Klatschnass ruderten sie so schnell wie möglich zurück.

3. mögliche Überschriften: So eine Gemeinheit!; Pech gehabt!

4. Der Hauptteil reicht von: „Rudern ist ...“ bis „sie gesehen.“

5. Die spannendsten Sätze sind: Hanna schreit vor Angst und will ihm helfen. Dabei neigt sich aber das Boot zu einer Seite und kippt um. Die beiden fallen ins Wasser.

6. a) ja, b) ja, c) ja, d) ja, e) ja, f) nein, g) Ninos Geschichte ist gut, weil er alle wichtigen Regeln beachtet.

Seiten 152–153

1. Zum Beispiel: Überraschung!

2. a) nein; b) ja; c) ja; d) ja; e) nein

4. mögliche Lösung:

   In einer alten Villa

   In den Ferien stöbern Emily und Florian durch eine alte verlassene Villa. Zum Schluss schleichen sie noch in den Keller.

   „Hier ist ja ein Geheimgang!“, flüstert Emily und geht ein paar Schritte hinein. Florian folgt ängstlich. Es tropft von den Wänden, und es riecht feucht. Ihre Schritte klingen hohl. Die beiden frieren. Da hören sie ...

   ... schlurfende Schritte. O je, die Schritte kommen immer näher. Blitzschnell drehen sich die beiden um, laufen den Gang zurück, flitzen die Treppe hinauf, durch das Haus und hinaus in den sonnigen Garten.

   Sie sind völlig außer Atem. Nie wieder wollen sie in alten, allein stehenden Häuser herumschnüffeln.

Seite 154

	Wolken	Temperatur	Wind
Mo		20° C	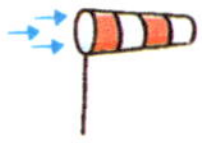
Di		25° C	
Mi		18° C	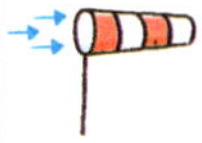
Do		15° C	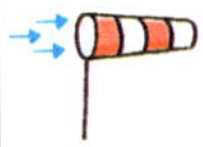
Fr		25° C	

Seite 155

1. a) Am Dienstag um 7.45 Uhr
   b) auf der Berliner Straße
   c) Marlon und der Fahrer eines roten Personenwagens
   d) Marlon lief über die Straße, ohne das Auto zu sehen, und der Fahrer versuchte auszuweichen.
   e) Marlon und der Fahrer erschreckten sich. Das Auto wurde ziemlich beschädigt
2. durchstreichen: Dort spiele ich immer besonders gern. Ich fand, dass sein grasgrüner Helm sehr hübsch aussah. Er tat mir sehr leid.

Seiten 156 – 157

1. Liebe Oma!

   Gestern machte ich mit meiner Klasse einen schönen Ausflug. Wir wanderten mit unserer Lehrerin Frau Keppler durch einen herrlichen Kiefernwald. Dort lernten wir viel über Bäume und Vögel. Plötzlich sprangen zwei Rehe über den Weg. Darüber freuten wir uns alle sehr. Später rasteten wir auf einer Waldwiese. Dort durften wir spielen. Zum Schluss aßen wir unsere Brote. Nach dem Essen fuhren wir mit einem Bus nach Hause.

2. Absender: Mona Herten
   Bankstr. 4
   40477 Düsseldorf
   Datum: 02.06.2012
   Anrede: Liebe Oma!
   Gruß: Sei herzlichst gegrüßt
   Unterschrift: deine Mona
   Die Anredepronomen können auch großgeschrieben werden: Ich hoffe, es geht Dir gut.
   Sei herzlich gegrüßt,
   Deine Mona
3. Der eigentliche Brieftext beginnt bei „Gestern machte ich ...“ und endet bei „ ... besuchen.“
4. a) Absender
   b) Datum
   c) Anrede
   d) Text
   e) Abschlussgruß
   f) Unterschrift

Seite 158

1. Beispiel:
   Rita Ranz
   Rolandstr.5
   40476 Düsseldorf

   Düsseldorf, 4.2.2012

   Liebe Hanna!

   Hiermit lade ich dich/Dich herzlich zu meiner Geburtstagsfeier am 24.2.2012 um 15 Uhr ein. Sie findet hier in unserer Wohnung statt und endet um 18 Uhr. Ich freue mich, wenn du/Du kommst.

   Liebe Grüße,

   deine/Deine Rita
2. a) zu einer Geburtstagsfeier
   b) in Ritas Wohnung in der Rolandstr. 5
   c) am 24.2.2012 von 15 – 18 Uhr

Seite 159

1./2.

Namen:	Berufe:
Lena	Tierärztin
Daniel	Koch
Laura	Sängerin / Opernsängerin
Anna	Astronautin
Lukas	Friseur
Simon	Bäcker oder Maurer
Sina	weiß noch nicht

Seiten 160–161

1. Unterstreichen: Umgezogen, Gerade, Stuhl, Der, Umzug, Zum, Glück, Morgen, Glücklich, Familie Piper, Haus, Der, Abschied, Wohnung, In, Umgebung, Lisa, Mark, Morgen, Nachmittag, Pläne, Bepflanzung, Gartens, Sie, Blumen, Sträucher, Bäume, Und, Hund, Das
2. Großgeschrieben werden Satzanfänge und Nomen.
3. heute Morgen, morgen Nachmittag
4. Pläne – der Plan, Blumen – die Blume, Sträucher – der Strauch, Bäume – der Baum
5. Bauer, Freude, Koffer, Lineal, Schachtel, Schiff, Zaun
6. Alle freuen sich über das neue Haus und die netten Nachbarn. Übermorgen Abend wollen sie mit allen Nachbarn den Einzug feiern. Lisa und Mark freuen sich sehr.

Seite 162

1. ich, es, mein, dein, wir, sie, er, du, dir, dich, euch, uns, ihr
2. dir/Dir, du/Du, dich/Dich, du/Du, deine/Deine
3. Sie, Ihnen, Ihrer, Ihnen, Ihre

Seite 163

1. **Wörter mit chs:** Wachs, wachsen, Lachs, Eidechse, sechs, Ochse, Dachs, Fuchs, Achsel

   Wörter mit cks: Klecks, Knicks

   Wörter mit ks: Keks, Koks, links

   Wörter mit x: Alexandra, Nixe, boxen, Axt, fix, Hexe, Felix, Max
2. 1. Axt, 2. Keks, 3. Fuchs, 4. Klecks, 5. Eidechse, 6. Alexander, 7. Dachsbau, 8. wachsen, 9. Knicks, 10. links, 11. Nixe, 12. Max

Seiten 164–165

1. Endlich Ferien!

   Langsam legt die Fähre im Hafen der Insel Langeoog an. Zwei Stunden hatte die Fahrt über das Meer gedauert. Neugierig kommen die Gäste an Land. Lena und Max Moser sind glücklich. Zwei Wochen lang ist keine Schule. Zwei Wochen lang dürfen sie tun, wozu sie Lust haben: durch die Dünen spazieren, Burgen bauen, Tiere beobachten, Blumen und Gräser malen, Sonnenuntergänge bewundern, am Strand spielen; mit dem Boot fahren oder es sich im Liegestuhl bequem machen und Tee oder Limo trinken. Das wird bestimmt eine schöne Zeit!

2./3. a) Ferien, langsam, legt, der, über, Lena, Moser, Schule, tun, wozu, haben, Dünen, beobachten, Blumen, Gräser, malen, oder, bequem, schöne; Urwald, Gemälde, Märchen
b) Fähre, Fahrt, fahren, Liegestuhl; Bühne, Ohr, Uhrzeiger
c) Langeoog, Meer, Boot, Tee; Beet, Zoo, Waage
d) sie, neugierig, die, Tiere, spielen, Liegestuhl, viel, gießen

4. 1. Haar, 2. Schnee, 3. Boot, 4. Beeren, 5. Fee, 6. leer, 7. Tee, 8. Beet
5. feurig – Feuer, bäuerlich – Bauer, säubern – sauber, feucht – anfeuchten, Häuschen – Haus
6. a) Mais, b) Laie, c) Mai, d) Kai, e) Hai, f) Mainz

Seiten 166–167

1. **Wörter mit s:** Gras, Glas, Haus, los
   Wörter mit ß: Straße, groß, Fuß, Gruß, gießen, weiß, Strauß, Spaß
   Wörter mit ss: fressen, Gasse, Wasser, Schloss, müssen, Schluss, Tasse, nass
2. Fuß – Füße, Gruß – Grüße, Nuss – Nüsse, Stoß – Stöße, Floß – Flöße, Fass – Fässer, Pass – Pässe, Schloss – Schlösser, Schuss – Schüsse
3. wissen, ich weiß, sie weiß, er wusste, Gewissen; schließen, ihr schließt, sie schloss, das Schloss; lassen, du lässt, sie ließ, gelassen; beißen, sie beißt, er biss, das Gebiss; fließen, es fließt, es floss, der Fluss
4. reisen – du reist, vergessen – du vergisst, reißen – du reißt, blasen – du bläst, wissen – du weißt, hassen – du hasst, gießen – du gießt, messen – du misst
5. Ich hoffe, dass du morgen kommst. Es ist klar, dass es heute regnen wird. Ich kenne das Mädchen aus der 4a.
   Es ist erstaunlich, dass du das Haus so schnell gefunden hast. Ich glaube, dass du das Buch schon kennst.
6. Hochwasser an der Mosel!
   „Die Straßen und die Gassen stehen wieder einmal unter Wasser. Die Fenster im Erdgeschoss sind mit Brettern und Sandsäcken fest verschlossen. So kann das schmutzige Wasser aus dem Fluss vorbeifließen und unsere Wohnungen werden nicht nass. Manchen Leuten macht das Hochwasser Spaß. Sie fahren mit Flößen über die überschwemmten Wiesen oder sehen lachend zu, wie wir unsere Häuser vor dem Wasser schützen. wahrscheinlich wissen sie nicht, wie schwierig das alles für uns ist“, seufzt Julian.

Seiten 168 – 169

1. Zwerge – Zwerg, wilder – wild, stärker – stark, bunter – bunt, Winde – Wind, Hefte – Heft, Räder – Rad, breiter – breit, ärger – arg
2. Burg – Burgen, Dieb – Diebe, Band – Bänder, Wald – Wälder, Schrank – Schränke, Hut – Hüte
3. das Band, die Burg, der Dieb, das Heft, der Hut, das Rad, der Schrank, der Wald, der Wind, der Zwerg
4. er schreibt, es geht, sie hält, er spielt
5. schlanker, härter, plumper, schwieriger, derber, wilder
6. O je, ihr seid sicher müde nach der langen Fahrt. Hallo, seid ihr da? Wie alt seid ihr? Otti ist seit Mittwoch im Krankenhaus. Wo seid ihr jetzt? Ich bin seit zwei Wochen am Meer. Ihr seid wirklich klug.
7. be(end)en, un(end)lich, (end)en, (End)haltestelle, (End)lauf, (end)los
8. Die Arbeit ist beendet. Er starrte entsetzt auf den Verunglückten. Der Film endete ganz plötzlich. Die Gazelle entkam dem hungrigen Löwen. Das Universum ist wohl unendlich. Die Feier fällt nun endgültig aus. Jan ging am Fluss entlang. Nora legt enttäuscht das Buch zur Seite.

Seiten 170 – 171

1. **Grün unterstreichen:** Leon, Vater, Stadt, Marokko, Marktplatz, Esel, Weg, Menschenmenge, Leon, Gedränge;
   Rot unterstreichen: Gassen, Blüten, Früchten, Gewürzen, Apfelsinen, Aprikosen, Datteln, Feigen, Jungen, Kisten, Köpfen, Geräuschen, Düften
2. die Stadt, die Gasse, der Marktplatz, die Blüte, die Frucht, das Gewürz, die Apfelsine, die Aprikose, die Dattel, die Feige, der Esel, der Weg, der Junge, die Kiste, der Kopf, die Menschenmenge, das Geräusch, der Duft, das Gedränge
3. das Haus – die Häuser, das Pferd – die Pferde, das Schloss – die Schlösser, die Birne – die Birnen, die Gans – die Gänse, der Tisch – die Tische, die Dose – die Dosen, der Delfin – die Delfine, der Schuh – die Schuhe, der Apfel – die Äpfel

4./5. das Glück, die Angst, die Klugheit, die Freude, der Trotz, die Hoffnung, die Dummheit, die Frechheit, die Liebe

6. a) Werkzeug, b) Spielzeug, c) Kleidung, d) Schmuck, e) Schreibwaren

Seiten 172 – 173

1. Felix und Lena gehen heute ins Theater. Laura und Lucca bereiten die Segeljolle vor. Herr Meier kontrolliert die Hausaufgaben. Sie stehen alle im 1. Fall (Wer-Fall).
2. b) Wer putzt sein Motorrad? c) Wessen Brille hat Jan eben gefunden? d) Wer deckt den Tisch? e) Wer lief davon? f) Wessen Roller lag im Hof? g) Wessen Zähne sind spitz?
3. a) Wem geben Kevin und Louis eine CD? b) Wem schreibt Clara einen langen Brief? c) Wem half Vera in die Straßenbahn.
4. **blau:** a) seinem Neffen b) den besten Schülern d) dem Kunden e) ihnen f) Der alten Dame
   rot: a) ein Fahrrad b) eine Eins c) sie d) seine Lieblingsbilder e) den Weg
5. a) Der Jäger beobachtete den kranken Fuchs. b) Der Kellner dankte dem Gast für das Trinkgeld. c) Der Lastwagenfahrer prüfte den Luftdruck der Räder. d) Die Pilze sammelte die Familie Schnock gestern. e) Florian hilft dem Opa im Garten. f) Julian zeigt den Freunden das Versteck.

Seiten 174 – 175

1. Ferienpläne!
   „Juchhu, endlich Ferien!", ruft Mika. „Jetzt kann ich schwimmen, rudern, reiten und lesen, wann ich will. Drei Wochen lang keine Schulaufgaben, keine Schule." „Gleich morgen spiele ich mit Peter im Garten, klettere auf die Bäume und spaziere mit Bello durch die Felder", freut sich Anna und Michael beschließt zu basteln, zu zaubern, zu backen und zu boxen. „Wenn es regnet, werde ich fernsehen, malen oder schlafen", lacht Mika.
2. ruft – rufen, kann – können, schwimmen, rudern, reiten, lesen, will – wollen, spiele – spielen, klettere – klettern, spaziere – spazieren, freut – freuen, beschließt – beschließen, basteln, zaubern, backen, boxen, regnet – regnen, werde – werden, fernsehen, malen, schlafen, lacht – lachen
3. ich schreibe, du schreibst, er/sie/es schreibt, wir schreiben, ihr schreibt, sie schreiben; ich laufe, du läufst, er/sie/es läuft, wir laufen, ihr lauft, sie laufen; ich esse, du isst, er/sie/es isst, wir essen, ihr esst, sie essen; ich schwimme, du schwimmst, er/sie/es schwimmt, wir schwimmen, ihr schwimmt, sie schwimmen
4. malen, ich male, ich malte, ich werde malen; wandern, ich wandere, ich wanderte, ich werde wandern; schlafen, ich schlafe, ich schlief, ich werde schlafen
5. malen, ich habe gemalt; wandern, ich bin gewandert; schlafen, ich habe geschlafen
6. a) Perfekt b) Perfekt c) Imperfekt d) Futur e) Präsens

Seiten 176 – 177

1. „Endlich ist das Wetter wieder schön und sonnig", strahlt Frau Riedel. „Das ist gut", stimmt Herr Schulz zu. „Nun können wir wieder einen blauen Himmel mit kleinen weißen

Wolken sehen. Ich bin froh, dass die trüben Wochen mit dicken Wolken und dichtem grauem Nebel vorüber sind.“ „Nächste Woche soll es jedoch heftige Stürme und schwere Gewitter geben“, erklärt Frau Riedel. „Aber heute genießen wir trotzdem erst einmal das herrliche warme Wetter.“

2. Eine Feder ist leicht. Das Stroh ist gelb. Der Himmel ist blau. Der Honig ist süß. Die Rakete ist schnell. Baby Floh ist klein. Die Sonne ist hell. Eine Nadel ist spitz.
3. eine leichte Feder, das gelbe Stroh, der blaue Himmel, der süße Honig, die schnelle Rakete, das kleine Baby, die helle Sonne, die spitze Nadel
4. alt, älter, am ältesten; klug, klüger, am klügsten; wild, wilder, am wildesten; eng, enger, am engsten
5. Der Turm ist höher als das Haus. Der Ball ist dicker als der Luftballon. Die Nadel ist spitzer als der Bleistift.
6. Mein Vetter ist so listig wie ein Fuchs. Meine Mutter ist so fleißig wie eine Biene. Mein Vater ist so stark wie ein Bär.

Seite 178

1. **Subjekte:** Die Sonne scheint. Lena schreibt eine Geschichte. Gestern bauten die Kinder eine Sandburg. Ich sitze in der Küche.
2. Das Kind liest ein Buch. Wir rufen dich an. Der große Hund knurrt. Ich besuche dich morgen.
3. Das Pferd wiehert. Das Schwein grunzt. Die Ente schnattert. Das Schaf blökt.

Seite 179

1. Jonas trinkt Milch. Die Kühe fressen Gras. Die Lampe leuchtet. Ihr kommt hoffentlich morgen. Sara schreibt eine Geschichte ab. Ich hole dich ab. Lena hat gestern Geige gespielt.
2. Vater sitzt auf dem Sofa. Die Kinder stellen das Indianerzelt auf. Viele Leute nehmen an der Feier teil. Spät am Abend gehen sie heim. Sie hatte ihre Schulaufgaben schnell gemacht. Morgen werden sie nach Spanien fliegen. Die Butter steht auf dem Tisch. Es regnet seit Tagen. Felix kommt heute zurück. Opa Nepomuk hat Baby Floh auf seine Schultern gesetzt.

Seite 180

2. (Die Feuerwehr) (kommt). 2
(Ein Auto) (hupt) (vor dem Haus). 3
(Ich) (gehe) (jeden Tag) (zur Schule). 4
(Gestern) (schrieb) (ich) (meinem Vetter) (einen langen Brief). 5
3. Lenny fliegt. Lenny fliegt spät. Lenny fliegt spät nach Hause. Lenny fliegt jeden Tag spät nach Hause.
4. Hanna malt jeden Tag ein neues Bild. Hanna malt ein neues Bild. Hanna malt. Oder: Hanna malt jeden Tag. Hanna malt.
5. Subjekte und Prädikate sind für den Satz am wichtigsten.

Seite 181

1./2. a) Pia schenkte gestern ihrer Freundin ein spannendes Buch.
Gestern schenkte Pia ihrer Freundin ein spannendes Buch.
Ein spannendes Buch schenkte gestern Pia ihrer Freundin.
Ihrer Freundin schenkte Pia gestern ein spannendes Buch.
b) Morgen fährt Lukas mit dem Zug nach München.
Lukas fährt morgen mit dem Zug nach München.
Mit dem Zug fährt Lukas morgen nach München.
Nach München fährt Lukas morgen mit dem Zug.
c) Jedes Jahr fährt die Familie Klem mit viel Gepäck an die See.
Mit viel Gepäck fährt die Familie Klem jedes Jahr an die See.
Die Familie Klem fährt jedes Jahr mit viel Gepäck an die See.
An die See fährt Familie Klem jedes Jahr mit viel Gepäck.
(Das Prädikat ist unterstrichen.)

3. Das Prädikat steht immer an zweiter Stelle.

Seiten 182 – 183

1./2. a) Ina steht oft mit dem linken Fuß zuerst auf.
b) Das kann ja heiter werden.
c) Geteilte Freude ist doppelte Freude.
d) Jonas weiß, wo es lang geht.
e) Sina geht ein Licht auf.
f) Wer zuletzt lacht, lacht am besten.

3. a) Gemeinsam erlebte Freude ist größer.
= Geteilte Freude ist doppelte Freude.
b) Ina hat oft schlechte Laune.
= Ina steht oft mit dem linken Fuß zuerst auf.
c) Jonas weiß, was zu tun ist.
= Jonas weiß, wo es lang geht.
d) Das wird unangenehm werden.
= Das kann ja heiter werden.
e) Zum Schluss zeigt sich, wer richtig gehandelt hat. = Wer zuletzt lacht, lacht am besten.
f) Sina versteht endlich = Sina geht ein Licht auf.
4. 1 – e) eine harte Nuss knacken,
2 – a) jemandem in der Not helfen,
3 – f) auf Draht sein,
4 – b) die Flinte ins Korn werfen,
5 – d) Wasser ins Meer tragen,
6 – c) im Bilde sein
5. a) jemandem in der Not helfen b) aufgeben c) über etwas Bescheid wissen d) etwas Überflüssiges tun e) eine schwierige Aufgabe lösen f) wachsam sein

Seiten 184 – 185

1. 1) In der Steinzeit ... 2) Vor 4000 Jahren ...
   3) vor ungefähr 2000 Jahren ... 4) Im Mittelalter ...
   5) Heute können ...
2. markieren: 1) Steinzeit 2) 4000 Jahren
   3) 2000 Jahren 4) Mittel-alter 5) Heute
3. 1) Hütten 2) Pyramiden, Tempelanlagen
   3) Tempel, Schwimmbäder, Häuser 4) Burgen, Kirchen 5) Wohn- und Bürogebäude
4. die Hütte, die Pyramide, die Tempelanlage, der Tempel, das Schwimmbad, das Haus, die Burg, die Kirche, das Wohngebäude, das Bürogebäude
5. A – 2, B – 3, C – 5, D – 1, E – 4
6. a) nein, b) ja, c) ja, d) nein, e) nein

Seite 186

1. a) Zug nach Düsseldorf Hauptbahnhof, b) U 79 Richtung Duisburg bis Nordstraße, c) Ausgang in Fahrtrichtung, d) linke Treppe, e) geradeaus bis Ampel, f) nach rechts in die Arnoldstraße, g) Freiligrathstraße überqueren, h) Es ist das dritte Haus auf der rechten Straßenseite.

Seite 187

1. a) 09:27 Uhr, b) täglich, c) RE 10 126,
   d) Hauptbahnhof, e) Montag bis Freitag
2. a) 09:40 Uhr, b)10:11 Uhr, c) 16:40 Uhr,
   d) 17:11 Uhr, e) 31 Minuten

Seite 188

2. a) Was hatten die Meteorologen angekündigt?
   b) Welche Stadt
   erlebt ein schweres Gewitter?
   c) Wann zog dieses Gewitter
   über die Stadt?
   d) Was geschah mit einigen Kellern in der Innenstadt?
   e) Wo verwandelten sich die Wege in Seen?
   f) Warum passierte das auf der Kirmes?
3. unterstreichen: a) einen Tornado, b) Düsseldorf, c) gegen 13.30 Uhr, d) liefen mehrere Keller voll Wasser, e) auf der Kirmes/Rheinwiesen, f) weil die Abflüsse verstopft waren

Seite 189

1. **Bonn:** Wetter: Wolken; Temperatur: tagsüber 20 °C, nachts 9 °C; Wind: Westwind.
   Düsseldorf: Wetter: Gewitter; Temperatur: tagsüber 20 °C, nachts 11 °C; Wind: Westwind.
   Kleve: Wetter: Sonne / Wolken; Temperatur: tagsüber 21 °C, nachts 11 °C; Wind: Westwind.
   Münster: Wetter: Regen; Temperatur: tagsüber 21 °C, nachts 11 °C; Wind: Ostwind.

Seiten 190 – 191

2. Unterstreichen: Ist diese Geschichte wirklich geschehen? Ist sie geträumt worden? Hat Florian sich die Geschichte ausgedacht? Wann und wo könnte Florian sie geträumt oder ausgedacht haben? Wie ist es zu dieser Geschichte gekommen? Was passierte, nachdem Florian den Preis erhalten hatte?
3. Einleitung und Schluss fehlen.
4. a) nein, b) ja: „Nanu, was ist denn das?“,
   c) ja, d) ja
5. Sie ist in der Ich-Form geschrieben.
6. hörte ich, dachte ich, unserem Zelt, zu meinem großen Erstaunen, sah ich, hinter unserem Zelt, vor mir, lud mich, stimmte ich zu, hatte ich mir, brachte mir, Ich besiegte, bekam ich
7. Beispiel: Am letzten Wochenende machten mein Freund und ich eine Fahrradtour. Wir übernachteten in unserem Zelt in der Nähe einer Burg. Kaum lag ich im Schlafsack, da war ich auch schon eingeschlafen.
8. Beispiel: ... Auf einmal wurde ich heftig geschüttelt. „Wach endlich auf, du Schlafmütze!“, lachte mein Freund. Erst allmählich begriff ich, dass ich das alles nur geträumt hatte.

Seiten 192 – 193

1. **Einleitung:** Vor drei Jahren ... meiner Eltern;
   Hauptteil: Nachdem es ... prasselte vom Himmel;
   Schluss: Wir waren froh ... wieder auf.
2. Vor dem Schluss: * Wir waren froh, als wir ...
3. Es fehlt der Höhepunkt.
4. Unterstreichen: Was ist mit dem Zelt passiert? Gab es ein Loch oder einen Riss im Zelt? Hatten sie große Angst? Haben sie um Hilfe gerufen? War es schwierig, das Zelt zu verlassen? Wenn ja, warum? Sind die Kinder im Schlaf überrascht worden?
5. Beispiel: Plötzlich packte eine Sturmböe unser Zelt und riss es um. Wir schrien vor Schreck laut auf. Da kamen schon unsere Eltern angerannt. „Nicht aufregen, Kinder!“, rief mein Vater. „Ich hebe jetzt die Plane hoch, dann könnt ihr vorsichtig herauskrabbeln.“
7. a), b), d), e) und f) sind richtig. Lösungswort: Wagen

Seiten 194 – 195

2. a) ein Kaufmann und sein altes blindes Pferd,
   b) vor langer Zeit, c) in einer Hafenstadt
3. Glockenseil anknabbern, pflegen, Leute bedauern es, altes blindes Pferd, hungrig umherirren, Kaufmann schämt sich, weggejagt

4. altes blindes Pferd, weggejagt, hungrig umherirren, Glockenseil anknabbern, Leute bedauern es, Kaufmann schämt sich, pflegen
6. Ankreuzen: a), b), d), f), g)
7. a) Wenn du eine Geschichte hörst, merke dir das Wichtigste.
   b) Überlege: Wer sind die Hauptfiguren? Wann ereignete sich die Geschichte? Wo passierte es?
   c) Sammle Stichworte.
   d) Schreibe alle wichtigen Einzelheiten in der richtigen Reihenfolge auf.
   e) Dichte nichts hinzu.
   f) Gebrauche die wörtliche Rede.
   g) Verwende treffende Verben und Adjektive.

Seiten 196 – 197

2. Beispiele: a) Kirmes (Jahrmarkt), Kettenkarussell, Kasse, Schlange stehen
   b) Timo, will zwei Karten kaufen
   c) Leere Taschen, kein Geld
4. a) ja, b) ja, c) ja, d) nein, e) ja, f) nein, g) ja

Seiten 198 – 199

2. a) Simon hat den Brief geschrieben.
   b) Das sagt Simon nicht.
   c) Das sagt Simon auch nicht.
3. a) ja, b) ja, c) nein, d) ja, e) nein, f) ja, g) ja
4. ankreuzen: Miras Brief

Seiten 200 – 201

1. 1. Topf mit Blumenerde füllen, mit Finger Löcher hineindrücken, Sonnenblumenkerne in Löcher legen, mit Erde bedecken, vorsichtig gießen.
   2. Topf auf Fensterbank stellen, regelmäßig, aber mäßig gießen.
   3. Später Sonnenblumen in den Balkonkasten oder in den Garten pflanzen.
   4. Pflanzen an einen Stock binden, damit sie nicht umkippen.
2. Beispiel:
   1. Du füllst einen Topf mit Blumenerde. 2. Nun drückst du mit dem Finger kleine Löcher in die Erde. 3. Dann legst du legst die Sonnenblumenkerne in die Löcher. 4. Als nächstes bedeckst du sie mit Erde. 5. Jetzt gießt du sie vorsichtig. 6. Anschließend stellst du den Topf auf eine Fensterbank. 7. Du gießt von nun an mäßig aber regelmäßig. 8. Schließlich pflanzt du die kleinen Sonnenblumen in den Garten (Balkonkasten)! 9. Zum Schluss bindest du einen Stock an die Pflanzen, damit sie nicht umkippen.
3. 1. Prise Salz in Rührtopf streuen 2. ein Ei zugeben 3. einen Esslöffel Mehl hinzufügen 4. zwei Esslöffel Wasser oder Milch dazugeben 5. alles gut verrühren 6. Öl in Pfanne erhitzen 7. Teig in heißes Öl schütten 8. wenn Teig fest wird, den Pfannkuchen mit Bratenwender und Gabel wenden 9. nach wenigen Minuten fertig 10. auf Teller legen (Wenn du bei 1. – 4. eine andere Reihenfolge gewählt hast, ist das auch richtig.)
4. Beispiel:
   1. Ich streue eine Prise Salz in den Rührtopf.
   2. Dann gebe ich ein Ei hinzu. 3. Anschließend mische ich einen Esslöffel Mehl darunter.
   4. Jetzt gebe ich zwei Esslöffel Wasser oder Milch dazu. 5. Nun erhitze ich Öl in der Pfanne. 6. Den Teig schütte ich in das heiße Öl. 7. Wenn der Teig fest wird, wende ich den Pfannkuchen mit einem Bratenwender und einer Gabel. 8. Nach wenigen Minuten ist er fertig. 9. Nun lege ich den Pfannkuchen auf einen Teller.

Seiten 202 – 203

1. a) und b) Bei Saras Beschreibung kann ich mir Lena besser vorstellen, weil die Beschreibung viel ausführlicher ist.
2. **Größe:** so groß wie Anni, Gesicht: schmal mit kleinem Mund, Grübchen beim Lachen; **Haare:** rot, lockig; Augen: braun; **Kleidung:** blaue Jeans und bunte Pullis; **Verhalten:**
   lacht gern; **Hobbys:** fährt gerne Fahrrad; **Besonderheiten:** spielt Klavier, läuft schnell, isst gerne Eis
3. Beispiele:
   Gestalt: mollig, schlank, groß, klein, dick, zierlich; Gesicht: rund, oval, länglich, breit, kantig; **Haare:** rot, blond, braun, lockig, glatt, lang, kurz; **Kleidung:** Rock, Bluse, Jeans, Hemd, Kleider, Schuhe, bunt, farbig, weit, eng,
   verschlissen, modern